The Habits of People
Who are Wise
by Arnold Bennett

アーノルド・ベネットの

賢者の習慣

アーノルド・ベネット
渡部昇一・下谷和幸 訳

三笠書房

MENTAL EFFICIENCY

FRIENDSHIP AND HAPPINESS

LITERARY TASTE

by

Arnold Bennett

訳者序文

自己実現の「知恵」を存分に説き明かした本
――世界中の一流人がヒントにした、「知的生活の習慣」

渡部昇一

20世紀英国最大の作家と称されたアーノルド・ベネット。彼は、他の多くの小説家とは違って、劇、随筆のほかに、人生訓、書評など、きわめて多方面なことに手を染めた。

本書は、ベネットの3冊の人生論的エッセイ（Mental Efficiency〈知的能率〉Hodder And Stoughton 1912, Friendship And Happiness〈友情と幸福〉Hodder And Stoughton 1911, Literary Taste〈文学趣味〉New Age Press 1909）から、エッセンスの部分を選んで訳出したものである。

そのうちでも、最後にあげたLiterary Tasteは、きわめつきの読書案内、文学入門書として、早くから岩波文庫（山内義雄訳）にも訳出され、また、英文科の学生のための教科書として、戦前から盛んに使われてきた名著であって注釈書も少なくない。文学をどう読むか、そこから何を学ぶかも、人生をよりよく生きる一つの考え方として彼が重視しているので、ここに主要部分を採録した。

ベネットは、これといった学歴もない自分が大英帝国華やかなりし頃の最高の小説家になった時、それは才能のしからしめるところではありながら、単なる才能だけではなくて、生活の方法が重要であることを悟った人であった。

その上、彼は、人から学んだりヒントを受けたコツといったものを隠すことなく、正直に公開することをためらわなかった。むしろそれを好むという性質があった。これが、おおかたの作家とベネットの断然違うところである。

日本の文壇でしいて例を求めるならば、幸田露伴に同じく例外的な傾向が認められよう。

幸田露伴も、明治の小説家としては最高峰でありながら、『努力論』『修省論』など一連の人生教訓の本を書いた。露伴を理解するためには、これらを抜きにしてはわからないといってもいい。にもかかわらず、世間には文学者による処世訓をきらうという傾向もあって、露伴がそういうものを書いたことを残念がる文芸批評家も中にはいるのである。

しかし逆に、『努力論』のようなものを書ける人だったからこそ、露伴は大小説も書けたのだ、というういい方もできるのである。同じようにベネットも、自分の能力を最高に生かす方法を身につけ、本に書ける人であったからこそ、数々の傑作小説を書けたのだ、といっていいであろう。

したがって、われわれからすれば、そのようないわなくてもいい秘密を語ることを躊躇しなかったベネットに、感謝するべきなのである。

ただ、ベネットの処世訓を読む時に一つ問題なのは、彼は一流の作家というプライドもあってか、それとも彼の身についたスタイルというか、きわめて軽妙な随筆体をとっていることである。これは、英文学をよく読み込んだ人からみれば、文体として楽しく読めるのではあるけれども、こうして日本語に訳してみると、ところどころ妙に軽いふざけたような感じがあり、そこが気になるという読者も、中にはおられるかもしれない。

しかし、それは、元来が文学としても通用するようなエッセイの形で、きわめて通俗的とも思われる人生訓を述べるというところから生じたことなのである。もしも英語の原文で読まれる方があったら、それは、むしろ、煥発する才気といったものを感じさせるものであって、訳出された日本語から受ける印象とはかなり違ったものである、ということを念頭においていただきたいと思う。

彼の軽妙すぎるとも見える筆致の背後にあるものは、ストイックな精神であろう。たとえば、彼は頭脳もからだの細胞の一部であるという考えをもっていた。からだは、意志をもって鍛えることができる。そして鍛えれば、心のままに動かすことができる。それと同じように、脳細胞もからだの細胞の一部であるから、意志、すなわち彼の言い方によれば、もう一人の自分みたいなものが、頭脳を意識的に鍛えることによって、思ったとおりに頭も動かすようにできるという洞察をもっていた。

この洞察に彼は比較的若い時に到達したらしく、事実、自らそれを実行し、何十年にもわたって中断することなく仕事をしとおし、それによって作家として大成したのである。

本書の「頭はからだよりはるかに鍛えがいがある」「よく考える頭こそ一生の宝」「毎日の生活を再調整することで驚くほど時間が生きてくる」といった主張には、彼の面目躍如たるものがあるといえるだろう。

ベネット自身の生き方も、われわれにとってはまことに興味深く、示唆に富むものである。まさに英国流セルフ・メイド・マンの典型といえるだろう。

アーノルド・ベネットその人についても、ここで少し詳しく紹介したい。

ベネットは1867年、イギリスの陶器製造地帯であるスタフォドシャのハンリイ(Hanley, Staffordshir)に、夭逝《ようせい》した3人の兄弟も含めて、9人兄弟の長男として生まれた。ベネットの祖父および彼の父はいずれも陶工であり、また店ももっていたが、ベネットが生まれた時の生活は貧しかった。

だがベネットの父親はきわめて厳格で向上心の強い人で、貧しい中でも大いに勉強し、ついに事務弁護士《ソリシター》の資格を得たのであった。

ベネットは父の手伝いをしていて、その後を継ぐべく法律試験を受けたわけだが、意外にも彼はそれに合格しなかった。したがって、いわゆる今日でいう大学教育や高等教育は受けず、地方のミドル・スクールで終わったわけである。日本の学校制度とは異なるので正確に対比することはできないけれども、ミドル・スクールとはだいたい日本の旧制中学と考えていただければよいと思う。

彼がその田舎の学校に入って一つよかったのは、フランス語に対する興味をもつようになったことである。これは終生、彼の重要な教養の基礎となり、またインスピレーションのもととなるものであった。

さらにもう一つ重要なことは、彼が速記を習ったことである。この速記こそが、彼がロンドンに出るきっかけとなったのであった。彼はピットマン式の速記を習い、1889年、22歳の時にロンドンの法律事務所に速記係として雇われた。速記との出合いがなければ、彼は田舎にとどまって父親の下働きをしただろうから、速記の技術が彼を広い世界へと導く鍵になったといってもいいであろう。

彼はこのロンドン生活で、仕事の合間に書物を集めたり、古本屋で毎日何か1冊掘り出し物を探しだしたりして、この頃ようやく夢中になって読書をするというようなことを始めた。

特にフランスの作品に惹かれ、モーパッサン、ゴンクール兄弟、フローベル、バルザックを読み、またツルゲーネフやドストエフスキー――これらはフランス語訳で読んだようであるが――をはじめ、大陸の文学の幅広い読書に没頭した。また、その頃ある雑誌の懸賞に応募して入賞したり、当時ハイブラウな文芸雑誌として有名だった『イエロー・ブック』に投書が採用されるということもあった。この頃の彼は約2年間ぐらい、投稿した原稿をしばしば送りかえされたりしながらも、一所懸命に文章力に磨きをかけていたのである。2、3のパラグラフを書き換えるのに、一晩を費やすということもあったようだ。

その後もずっと彼は各種の新聞、雑誌に投稿を続けていたが、1896年、29歳の時に法律事務所をやめて、当時ではやや進歩的な傾向のあった婦人雑誌『ウーマン』の編集部に勤め、次第にものを書くようになっていった。そして、その雑誌で彼は主筆にまでなった。

その後フランスに渡り、フランス婦人と結婚、20世紀の英国の小説を代表するといわれる彼の傑作、『老婦物語』を書き上げるのである。

その一方で、自分の歩んだ道を振り返りつつ、本書のような処世哲学的な人生論を著したわけだが、ベネットの書いたものは、小説においても人生論にあっても、半世紀以上経ているのにほとんど古さを感じさせない。これは、彼の眼が、時代の流れの背後にある人間性というものを、常に見続けたことによるのであろう。

本書が、今を生きる人々の自己実現に必ず役立つと私が信じる理由も、まさにそこにあるのである。

Contents

第1章 頭は肉体より、はるかに鍛えがいがある
――思索を重ねる人ほど、幸せになれる

第2章 自分の〝強み〟を存分に生かせる生き方

――自分をよく知り、自分の資質を磨きあげる法

第3章

人生をますます豊かにする読書法

――本は繰り返し繰り返し、考えながら考えながら読め！

第4章

自分を磨きあげる文章術

——文字にされた言葉には不思議な力がある

アーノルド・ベネットの

賢者の習慣

The Habits of People Who are Wise by Arnold Bennett

第1章

頭は肉体より、はるかに鍛えがいがある

——思索を重ねる人ほど、幸せになれる

1 間違った「頭のつかい方」で損をしていないか

「頭が不調な状態の時」を自分で意識しているか

体調を常に一定に保つことは、容易ではない。やっかいなもので、人間の体は変調をきたしやすいが、しかし、鍛錬すればすぐに体調を保てるようになる。

一方で、頭の調子を一定に保つというのは、それにもましていっそう難しい。体調同様、すぐに変調をきたしてしまう。しかし、おそらく、体調以上に鍛錬の効果は顕著に現れる。

肉体トレーニングを奨励する宣伝パンフレットには、筋肉隆々たる男性の腕がよく描かれる。われわれはそれと自分の腕とを比較して、「これではいけない」とお決まりの文句をつぶやいたりする。そして、腕の筋肉の増強に相努める。午後のティータイムに、フロックコートから自分の腕をつき出して、ご婦人方に誇示できるようになるまで。

ところが、われわれは頭にも筋肉があり、多くの付属器官があるとは思い至らない。また、目には見えないが、非常に重要な頭脳の諸器官が、きわめて不調な状態に陥っているとは思っていない。中にはすっかり退化してしまっている器官もあれば、エネルギーが枯渇しているものまであるとは思いもよらないのである。

たとえば、一日中机に向かっているような職業の人間が、復活祭の翌日に長時間の散歩をしたとする。そうすると、夕方にはすっかり疲れ果ててしまって、ほとんど食欲も湧かなくなってしまう。翌日目が覚めると、どうにも体調が思わしくない。肉体の調整をなおざりにしてきたせいである。すっかりショックを受けてしまい、なんとかしなければと決心する。

そこで、職場まで歩いて出勤するようにしたり、ゴルフをしたり、あるいは、身だしなみを整えた後に体操をしたりするようになる。

だが、その同じ人間に、長時間座って新聞や雑誌、小説を読んだ後、さらに科学、哲学、あるいは芸術という、いわば思考のトレーニングをさせてみたらどうなるであろうか。

疲れ果てて夕方には新聞も読めなくなるまで、終日そのトレーニングに取り組むであろうか。いや、そんなことはやりはしない。十中八九、15分もすれば息もたえだえになってしまう。元気を取り戻して再び取り組むどころか、さっさと投げ出すだろう。

頭の調子が悪いからといって、調子を整えるために何かをやらねばと真剣に考えるだろうか。

そんなことはない。九分九厘間違いなく、現状を平然と受け入れ、なんら恥じることもなく、痛切に悔いることもないであろう。

私のいわんとすることが、おわかりいただけるであろうか。

なぜ人生最上の「ごちそう」に手を伸ばせないのか

「痛切に悔いることもない」といったけれども、実際にはなんとなく悔いてはいるのである。というのも、頭の調子がよくないなという自覚だけはあるからである。

ただし、その不調は労せずしてよくなるものと思っている。この漠然とした後悔の念は、どちらかというと教養のある人々の心の中にモヤのようにたちこめる。

人生のいたるところで、こうした漠然とした後悔の念にとらわれるのであるが、とりわけ、この傾向は人生の半ばにさしかかった人々に強く見られる。そういう人たちは、**この世には知るべき事柄が山のようにあることを承知しながらも、そのうちのいくらも自分のものにはしていない**ことを知っているからである。

星の明るく輝く夜、彼らは小ぎれいなわが家から散歩に出る。そして、ぼんやりと天空を見上げながら、宇宙の神秘に思いをはせる。しかしながら、彼らの耳には次のような小さなつぶやきが聞こえてくる。

プレアデス星団（訳注：おうし座の一角をなす星団、和名は「すばる」）にはごまんと星があると新聞で読んだことがあるが、おまえにはプレアデス星団がいったいこの空のどこにあるのか、指し示すこともできないではないか。理論と名のつくものは無数にあるが、中でも、自分が何よりも心ひかれる星雲理論の核心だけでも知りたいものだ、と。

しかし、知りたいものだと思いつつ、年月は過ぎ去っていく。

毎日、一日は必ず24時間あり、そのうち仕事に使っているのは6時間か7時間にすぎない。たるみ切った頭脳を徐々に活性化し、その「筋肉」に緊張を与え、すばらしい知識と感激をわがものにしたいなら、**知りたいと思う衝動と努力と方法がありさえすればいい**のだが。

ただ、その後悔の念が、実行に移すほど切実ではないのである。だから、相変わらず彼らは何もしないし、これからもしないであろう。次々と目の前のテーブルにごちそうが並べられているのに、手を伸ばすことができないかのごとく。

頭の調子は〝意志の力〟と無関係ではない

私のいい方は大げさであろうか。

われわれは、ほとんど誰もが意識の底では、自分の頭脳はたるんだ状態にあると、遺憾に感じているのではないか。

自分の頭がたるんでいるのは、無能のせいでも、時間やチャンスがないためでも、手段がないためでもなんでもない。そんなことは言い訳にはならないのだと、自分で自分を情けなく思っているのではないだろうか。

どうして、頭の調子をよくする専門家が現れて、われわれの頭に、やればできることをきちんとやる方法を教えてくれないのであろうか。

私のいう専門家とは、いんちきな専門家ではない。宣伝に熱心な体調改善の専門家たちは、必ずしもはったり屋ではない。中には、大きな成果を上げている専門家もいるのである。

体調を整えるための方策が考案できるのなら、頭の調子をよくするための方策が考案できないわけがあるまい。そうした方策があれば、頭蓋骨の中で錆《さ》びつくにまかせているあのすばらしい機械を、生きているうちに利用することができるかもしれない。誰もが心の中で願っていることを実現することができるかもしれない。

われわれは知識を豊かにし、趣味を洗練させて、自分自身を、そして自分の人生をより豊かなものにしたいと願っている。

それなのに、あいつは無知蒙昧《もうまい》のまま死んでいったという誹《そし》りを受けないようにするために、なんらかのきちんとした学問に、自分からすすんで取り組む人がはたして何人いるだろうか。

人々がそうしないのは、知識欲がないためではない。

それはまず第一に、**意志の力がないため**である——事を始めるための意志の力ではなく、継続して行おうとする意志の力がないためである。

第二に、頭脳の諸器官がまったくなおざりにしておかれたために、すっかり錆びついて**調子が悪くなっているため**である。

したがって、改善点は2点あることになる。意志の力を養うことと、頭脳の諸器官をよい調子に戻すことである。しかも、これらは並行して行われる必要がある。

以上、私が注意を喚起した点は、おおかたの読者はすでにご承知のはずであろうし、実際、実行に移された方も少なくないだろう。しかし、うまくいった方は少ないのではないだろうか。

2 知的活力を伸ばすためにまずやるべきこと

不活発な知力を活性化させる最良の方法

私自身に関していえば、単に頭を働かせること自体に意義を見出したことはこれまで一度もなかったし、これからも絶対にないと思う。

頭を働かせることによって、生きているのだという、より深く強い実感を抱ける場合にのみ意義があるのだと思っている。

しかし、記憶力と頭脳を鍛える何かしらの方法を知ることができれば、それでもう、その困難は克服できたものと考えているような人もいる。

そうした方法自体というものは役に立つかもしれないし、また、まったく役に立たないかもしれない——私の手もとに集まった証拠を見るかぎり、双方が入り交じっている。

しかしながら、その方法がいかに申し分ないものであろうと、記憶力鍛錬のクラスに参加しただけで、頭の構造がすっかり生まれ変わってしまうわけではない。その方法が最善の方法となるか否かは、実行する人がいかに強い意志をもてるかにかかっている。

本当に重要なのは、方法ではなく、**その方法を用いる際の心構え**なのである。そして、適切なる心構えというのは、**自分自身というものをさまざまな角度から注意深く考察し、認識することによってはじめて得られる**のである。

自分の気質の限界、自分が置かれている状況、そして、自分の過去から得た教訓などを、まず最初に知らねばならない。

頭が消化不良を起こさないために注意すべきこと

あなたが30歳の男性もしくは女性で、暮らし向きはまずまずだが、何かしらの心配の種や果たすべき責任を抱えこんでおり、耐えがたいほどではないが、毎日かなりハードな仕事をこなしている——という平均的な例に該当するとして考えてみよう。

あなたにとって、頭をいかに効率的に働かせるかということが第一の関心事となっている。「おまえの頭は能力いっぱいに活動していない、知識も精いっぱい吸収していない」と、あなたの心の声がつぶやく。

あなたは突然、椅子から立ち上がり、自分に向かってこういう。

「よし、頭の働きをうまく管理して、何かをやってやろう!」

しかし、ちょっと待っていただきたい。どうかもう一度、椅子に腰を下ろし、考えてみていただきたい。

あなたは以前にも、こうした「いくらかの洞察」をされたのではないだろうか。崇高な決心をして、それを実行に移そうとしたことが——そして失敗したことが——30歳になるまでに一度もなかったなどということはないはずだ。今度は失敗しないように、あらかじめどんな用心をしているというのだろうか。

というのも、私にはあなたの意志の力が、以前よりも強くなっているとは思われないからだ。あなたは過去の失敗を認め、受け入れている。だが、何事かを決意する意志にとって、失敗によって受ける傷ほど痛いものはないのだ。

あなたはそんな傷口はもうふさがってしまったと思っているだろうが、大事な時にその傷が再び口を開け、致命的な出血をすることにもなりかねないのである。

そうならないように、あなたはどんな用心をしているのか。何か考えたことがあるだろうか。いや、一度もないはずである。

残念ながら、あなたとは一面識もないけれども、しかし、私にはあなたのことがわかるのだ。なぜなら、私は自分のことがわかっているからである。あなたの過去の失敗は、次の三つの原因の一つによって、あるいは、他の二つの原因が一つないし二つ重なって生じたものである。

その第一の原因は、**最初からあまりに多くのことをやろうとしすぎた**ことである。盛りだくさんの計画を立てて、あなたは出発したのだ。

あなたは、肉体の運動については少なからず知識があるだろう――今日のように健康のことがやかましくいわれる時代にあっては、肉体の運動について一家言《いっかげん》をもっていないと肩身の狭い思いがするものだ。だから、あなたは準備運動もしないでハードル競走をしたり、何時間も休みなく棍棒《こんぼう》を振り回したりなどという無茶をすることはけっしてないであろう。

肉体の運動から類推して、頭脳に関しても同じようなことがいえるのだ、とあなたは思い至るべきだったのだ。今回はどうかあまりに綿密な計画は立てないでいただきたい。いや、いっそいかなる計画も立てないでいただきたい。準備運動、軽い体慣らし程度で満足していただきたい。

たとえば（単なる一例にすぎないのだが）、自分に向かってこういうだけでよい。

「これから1カ月の間に、ハーバート・スペンサー（1820～1903、英国の哲学者・社会学者）の〝教育〟に関する小冊子を2回読むことにしよう。そして、特に感銘を受けた事柄を裏表紙の内側に鉛筆で書き留めておこう」

そんなことは造作《ぞうさ》もないことだ、朝飯前だ、とあなたはいうだろう。よろしい、どうぞおやりなさい。これを実行すれば、少なくとも何かを決意し、やり遂げたという満足感を得ることができるだろう。あなたの頭脳は、正常な調子と健全なプライドを取り戻すことだろう。

そして、次回は3カ月に及ぶちょっとした計画に取り組んでも大丈夫だ、という確証を得たことにもなる。さらに、計画を立てる際に考慮に入れておくべき一般的原則をも身につけたことになる。

しかし、何よりも喜ぶべきことは、致命的な傷となるあの失敗を犯さないですんだということである。

重要な決意ほど〝水面下〟で進行させる

以前失敗することになった第二の原因は、**友人たちの皮肉たっぷりな嘲笑**である。これに遭うと、意志の力はへなへなともろくも崩れ去ってしまうのである。人は心機一転して何かをやろうと決意すると、こうした人を小馬鹿にするような忍び笑いに必ず出合うものである。

酔っ払いというのは、自分が酔っぱらっているということよりも、自分が禁酒の誓いを立てたことを友人に知られるほうが恥ずかしいものである。

妙な話だが、これが真相である。そしてさらに、人間が本来もっている心の動きも考慮に入れておかなければならない。もちろん、少数の強靭《きょうじん》な精神のもち主は、そうした忍び笑いに出合うとかえって決意をよりいっそう固めるだろうが、大多数の人にとって、この笑いの及ぼす影響は甚大《じんだい》である。

だから、自分の決意のほどを麗々《れいれい》しく他人に吹聴《ふいちょう》しないことだ。**黙って、できるだけ人に知られないように実行に移す**のだ。一つか二つ、自分の決心したことを実現し終えたら、人に話すのもよいだろう。その時には、自分に向けられたあの容赦のない小馬鹿にしたような冷笑も、たちどころに消えてしまうはずだ。

毎日の生活を再調整することで24時間が驚くほど生きてくる

第三の原因は、**毎日の生活を再調整しなかったこと**だ。あなたはこれまで怠惰で時間を無駄に費やしてきたけれども、それでも24時間の間に何かしらのことをしてきた。漠然と、まるで一日が26時間あるようなつもりで仕事に出かけた。だから、まず、大がかりな融通のきかない計画は立てないことである。

一日の予定がぎっしり詰まった時間の中からなんとかやり繰りして、新しく決意したことを実行に移す時間の余白を見つけなければならない。睡眠時間を削るのはよくないし、他に仕事と余暇という二つの時間帯の間に、勉強のための時間を無理やり割りこませるというのもよくない。

要するに、**大蛇《おおなた》を振るって思い切って時間を切り詰めてしまう**のだ。一日に30分間読書をしたり、思索に耽《ふけ》りたいと思ったら、1時間分確保するように時間を調整することだ。2倍の時間の余裕をとっていても、初心者にとってはけっして多すぎない。

どこでその大鉈を振るえばよいのか、とお尋ねのことだろう。まずほとんどの場合、毎日儀式のように熱心に肉体に捧げられている時間は、短縮可能であると私は申し上げたい。

先日、私は週末をロンドンの郊外で過ごしたのだが、ありとあらゆる種類の肉体のレクリエーションに誰も彼もが熱中しているのを見て唖然としてしまった。

どう見ても、まさに筋肉の集団乱費といった態《てい》であった。ショックのあまり、「頭脳脆弱《ぜいじゃく》なるあわれな輩《やから》よ！」とつぶやいてしまった。

「クリケット、ラグビー、ボート、ゴルフ、テニス、どのスポーツにもそれぞれシーズンというものがあるのに、おまえさん方ときたら！」

さて、以上述べたことは一般論で、かつ前置きである。次に、細部にわたって述べねばならない。

3

〝頭の柔軟体操〟で、効率よく頭を働かせる

集中力が鍛えられる「立派な詩や散文」の暗誦

次に、私が頭の柔軟体操と呼んでいるものについてお話ししたいと思う。

頭の柔軟体操というのは、大ざっぱにたとえていえば、楽器の演奏に不可欠なテクニックを磨くための練習であるといってもよいだろう。

楽器の演奏を勉強している人は、指や手首を動かす単調な練習を繰り返すことをなんら恥ずかしいとは思わない。ところが、頭を効率よく働かせようとする人は、そのために明らかにプラスのことであっても、頭を動かす基礎的な練習をやろうというと、たいていの場合、見当違いの羞恥心を抱くのである。これはおかしなことではあるま

いか。この羞恥心が、頭の調子をよくしようとする際、大きな障害となっているのだ。

ためしに誰かに向かって、「君は記憶力を鍛える教室に通うといいよ」といってみるといい。いわれた人は、私が指摘したごとく、ぶつぶつ口ごもりながら、「記憶力だけが問題なんじゃないよ」と答えることだろう。

要するに、その人は一つには面倒臭いから通いたくないのであろうが、それ以上に、見当はずれの羞恥心を抱いているから通いたくないのである（私はこれが真相だと思っているのだが、いかがであろうか）。この人は、何かを暗誦することすらためらうだろう。

しかし、**立派な詩や散文を暗誦することほど、頭の体操になるものはない**のだ。半年間、一週間に20行の割で暗誦するだけで、不活発な頭脳のすばらしい治療となる。

頭の体操として暗誦がいちばんメリットがあるのは——無論唯一のメリットではないが——いやが応でも、**集中力を要求される**という点である。

そして、自己啓発をする際にあらかじめ備えておかなければならないもっとも重要な能力は、精神を集中させる能力である。なんでもよいから1ページ読み、すぐに読んだことについて思い出せることをすべて書き記してみることもよい頭の体操となる——自分の言葉でも、著者の言葉でもかまわない。一日に15分で充分だ。その効果たるや、魔法のごとしである。

すべての基礎となる「ものを書く訓練」

そこで、ものを書くということについて述べてみよう。

私はプロのもの書きである。だが、だからといって、ものを書くことに偏《かたよ》った好感を抱いているわけではない。実のところ、私は毎朝自分に向かって、この世に大嫌いな訓練が一つあるとすれば、それはものを書く練習だとつぶやいている有様なのだ。

とはいえ、**頭を効率的に働かせるべく真剣に努力しようというのなら、ものを書く訓練というのは、是が非でもやらなければならないことの一つ**である。文を作り、その努力を継続するならば、書く内容はなんであってもよいと思う。プロとして筆を執《と》るのでないなら、文の書き方には40通りもある。どの書き方でもよい。

あなたはアーサー・クリストファー・ベンソン（1862〜1925、英国の著述家）が自ら実行していると述べているように、「詳細なる日記」をつけているかもしれない。それも悪くはないが、私からしてみれば、よいやり方であるとは認めがたい。

ベンソン氏のような書く経験を積んだ人の場合は別だが、日記というのは、最小限の知的努力しか払わずに書かれがちだからである。また、やたらと自分のことばかり誇大に書きがちであるし、その辺に無造作に置きっぱなしにしておくと、もめごとの種にもなりやすい。さらには、いつそれが裁判所に提出せざるをえないはめになるやもしれないからである。


同じ日々の記録という点では、日誌のほうがまだよい。日記と日誌がどう違うかなどと質問しないでいただきたい。私にも説明はできない。その違いは、誰もが直感的に感じとっているはずだ。

日記はもっぱら自分自身の事柄や自分のしたことを取り上げるのに対して、日誌はもっと広範なことを取り上げ、人が興味深く観察した事柄を書き記すものである、といえばよいだろうか。

日記には、私は昨晩夕食にロブスター・マヨネーズを食べたとか、翌朝起きると頭痛がしたが、明らかに頭を使いすぎたためだ、とかいうように書く。

日誌の場合には、夕食に同伴した何々夫人は茶色の目をしており、何かを聞かれると首を後ろにかしげる可愛い癖があり、彼女の夫はコロラドで体験した不思議な冒険の話をした、などと書く。

日記というのは、メアリー・ベイカー・G・エディ（1821〜1910、アメリカの女性宗教家）のすべてを超越したような詩の一行を引用すれば、

「すべて私、私、私、私、それ自体私」

ということになる。

日誌のほうは、広範な人生の諸相を書き記すものである。日誌は特殊な内容のもの

になる場合もあろうし、普遍的な内容になる場合もあろう。

ある私の知人は、現在、世間で信じられている迷信で、現実に自分が出合った例をことごとく日誌に記録している。彼は自分のしていることが、科学的価値のある興味深いことであるなどとは夢にも思わずこれを始めたのであるが、実は、それは本当に科学的に価値のある興味深いことなのだ。

日記や日誌をつけるのがいやなら、エッセイを書くのがよいだろう。あるいは、読んだ書物についての簡単な覚え書きをするのもよいだろう。さらにまた、自分自身が特別に感銘を受けた文章を集めた文集を作るのもよいだろう。

文章を自分で編集するというのは、ゴルフや（トランプの）ブリッジにうつつを抜かしていない人——つまり、思索的な人——がもてる趣味としては、もっとも楽しいもののの一つである。だから、思慮深くも自分の根気強さを過言せず、知的な事柄に少しずつ徐々に取り組んでいってみたいと考えている人に、是非これを勧めたい。

いずれにしても、**ものを書く技術はどんな計画にとっても不可欠**である。例外なく、あらゆる計画にとって不可欠であるといいたい。こういうとすぐに、書くことが必ずしも不可欠ではない計画があると指摘する手紙を頂戴《ちょうだい》することになるやもしれないが。

一日10分〝高邁《こうまい》な思想〟に頭脳を集中させる効果

書くということによってはじめて思考が働くのである（というと、順序がおかしいように思われるかもしれない。が、私はこれが正しい順序であると信じている）。この点に関しては、一通のすばらしい手紙をご紹介するのがいちばんよいと思う。「オックスフォード大学講師」という匿名希望の方からいただいた便りである。

「人間というのは、自分の頭脳を完全にコントロールできるようになるまでは――すなわち、見境なくなんでも呑みこんでしまう頭脳の受容力、そして、関連のないことをとりとめもなく思い浮べる傾向、また、突発的な感情にたえず左右される傾向、頭脳のこうした性向を調整できるようになるまでは――それができるようになった時に、やすやすといとも簡単になしえる仕事の10分の1もなしえないであろう、と私は申し上げたい。

さらにいわせていただくならば、仕事は別にしておくにしても、これができない人は、自分だけの世界にいまだに没入したことのない人なのです。そして、そういう人には将来、無限に成長する可能性は閉ざされているのです。

頭脳の効率的な働きというのは、たえず思索に耽ることによって——つまり、たとえば、毎日10分間でもよいから、きっちりと規則的に、できるだけ高邁《こうまい》な思想に頭脳を集中させることによってはじめて得られるものなのです。なかなか思うようには実行できないでしょうが、つまずいてもくよくよしないことです。

そして、やろうと決心した道をねばり強くつき進むことです。たとえ一週間でも、途中で中断することなくその道を歩むことができたら、その成果は自ずと明らかになると思います」

私はこの手紙の趣旨にまったく同意するし、また、大切な点をかくも明快に指摘していただいたことに感謝している。しかしながら、指摘していただいたような思索の訓練は、どちらかといえば、初心者にとっては、「上級」の訓練に相当するのではないかと思われる。

実際に始めてみて、自分の決意の強さにある程度確信がもて、しかも、自分の考えていることを文章に書き表せるくらい明快に整理する技術を身につけている人なら、この「オックスフォード大学講師」氏が提案していることを実行しても、うまくいくのではないかと思う。

「どういう態度で取り組むか」が重要

怠けている頭脳を働かせ、自分の意欲に正確に従わせる技術的な方法については、このくらいにしておきたい。

私は、おおぜいの方々から、どのように読書をしていったらよいかという問い合わせの手紙を頂戴する。つまりは、個々の方々の意欲に沿った指導をしてもらいたいというわけである。

しかしながら、私のテーマは自己啓発そのものではなく、自己啓発のための手段として頭を効率的に働かせるということである。もちろん、自己啓発の努力を実践することにおいてしか、効率的な頭の働きを身につけることはできない。

私が関心があるのは、**どんな方法をとるかということよりも、どういう態度で取り組むか**ということである。というとたとえば、私は散歩の最良の仕方についてやかましく述べておきながら、どこに散歩に行くかについてはまったく触れようとしないといわれるかもしれない。

そのとおり。他人がどこに散歩に行きたいかなどということは、誰にもわかるはずがないではないか。

自分で目的地を決められないのなら、のたれ死にしてしまえばいいのだ。そういう人にとっては、どこへ行こうが、もともとたいした問題ではないのである。宇宙全体が興味の対象となるのだ、とだけいっておこう。

思索をすればするほど幸せになれる

自己啓発というと、すぐに文学のことを考える人があまりに多すぎる。高尚な生活というと、すぐにシャーロット・ブロンテの生涯について詳しい知識があることだとか、シェイクスピアの劇の制作年代に精通していることだと考えたがる。

なにもシャーロット・ブロンテやシェイクスピアに関する知識だけが生活を高尚にするわけではない。それは、蝶や葬儀の習慣、国境や通りの名前、コケや星やナメクジであってもよいのだ。**自分に興味があるものを選べばよい**のである。

組織立てて効率的に頭を働かせることのできる人の中には、どうしてもシェイクスピアが読めないという人だっておおぜいいる。そういう人に『ワイルドフェル・ホールの住人』(ブロンテ三姉妹の末妹アン・ブロンテの作品)の著者は誰かと聞けば、エミリー・ブロンテ(ブロンテ三姉妹の二番目)と誇らしげに答えるかもしれない。そんな小説の名前は、今まで一度も聞いたことがない、と答えるか、さもなければ、文学に限らずどんな対象の知識であれ、それが、常に他の対象と比較した時に、相対的に役立つ、正確な知識であるならば、その人にとって大きな自己啓発となりうるのである。

しばしば、ものをよく考えない人間こそ、この世で幸せになれるのだといわれる。だが、私にいわせれば、**人はよく思索すればするほど、幸せになりやすい**のだ。

第2章

自分の〝強み〟を存分に生かせる生き方

――自分をよく知り、自分の資質を磨きあげる法

1 「自分らしさ」を生かす心術

もっともけしからぬ人間が〝この自分〟

自分は他人にどんな印象を与えているか、われわれはよくわかっていないものだ。同時に、これは誰もがたいへん知りたいと思っていることであり、知っておくとすこぶる役に立つことでもある。

自分が他人によい印象を与えているのか、悪い印象を与えているのか、あるいはこれといった印象など全然与えていないのか、かなり正確に推測できる人は少なからずいるだろうが――中には推測など無用なくらい、確固とした印象を与えている人もいるが――しかし、ここで私がいいたいことは、そのようなことではない。

私がいいたいのは、**どんな人も、他人から見た自分と、自分自身の評価には大きな違いがある**ということである。

あなたは、次のようなことを考えたことがあるだろうか。

ある見知らぬ人間があなたの家の周囲を歩き回ったあげく、お茶をごちそうになるためにやってくる。おしゃべりをし、哄笑《こうしょう》し、不満をぶちまけ、議論までふっかける。あなたの友人たちはみんなこの男のことを知っており、ずっと以前から、この男がどんな男であるかについて結論を出している。ところが、友人たちは、ただの一度もこの男のことについてあなたに警告しなかった。

さて、この男というのが、他ならぬあなたであったとしたらどうであろうか。このあなたが、あなたがお茶を飲んでいる居間に入ってきたと想像してみていただきたい。

あなたは、あなた自身をちゃんとした一人の人間として認められるだろうか。

そんなことはないと私は思う。すでに居間でくつろいでいた客たちが突然他の客に闖入《ちんにゅう》された時のように、あなた自身に向かって「こいつは何者だ。妙な奴だ。うんざりさせるような奴でなければよいが」と口ばしることだろう。そして、あなた自身に向かって最初に話しかけるあなたの口調には、若干憎しみがこもることだろう。

あるいはまた、ふとのぞきこんだ鏡の中に、あなたがよく着ている服を着込んだ人物を発見し、それが自分自身なのだと気がついて、ショックを受けることがしばしばあるのではないか。さらには、早朝、髪を整えるために気まじめに鏡に向かうと、そこにまったく見知らぬ人間が映っているのを発見して、好奇心をそそられたことが、度々あるのではなかろうか。

こういうことが、形や色や動きといった、はっきりとわかる外見の特徴によってもたらされるのであれば、内面の個性が醸し出す複雑な効果によって、同様のことが生じないわけがないではないか。

〝自分の印象〟を操作することなどできはしない

ある人が、他人によい印象を与えようと心から努力しているとする。結果はどういうことになるであろうか。友人たちから「この人はよい印象を与えたがる人間なのだ」と思われるのがおちであろう。

一度か二度会って話したぐらいで、印象を決定づけようというのであれば、その人は、自分が与えたいと思っている印象を、なんとか相手に押しつけられるかもしれない。しかしながら、相手が時間をかけて判断するのであれば、その人は下手な努力などせず、ポケットに手を突っ込んで座っているほうが、まだましというものである。

なぜなら、何かをしたところで、**自分が最終的に他人に与える印象に影響を与えたり、修正したりはできない**からである。結局のところ、印象というものは無意識のうちに相手に与えているものであり、意識的に変えられるものではないのである。

また、受けとる側も無意識のうちに受けとっているのであり、意識して受けとるのではない。与える側と受けとる側の双方の人間によって印象の一部は決まるものである。そして、最初から不変で固定してしまう。結局いくらごまかそうとしても、最後は必ず露呈《ろてい》してしまうのが人の印象というものなのである。

極端な例を挙げてみよう。母親と息子の例である。

息子は母親を盲目にしてしまうとよくいわれる。しかし、息子がそうするのではないのだ。もし、息子が残忍であったり、怠け者であったり、傲慢《ごうまん》であるならば、母親はそのことを百も承知している。息子が母親をだますのではなく、母親が自分自身をだましているのだ。

もし、息子が母親の心の内をのぞけるとしたら、息子の目を覚ますのにこれ以上のものはないだろう。卒倒するほど息子はびっくりするはずだ。

「僕の欠点をこんなにも冷静に公平に判断し、こんなにもするどく見抜いているとは。何年も前のちょっとした僕の生意気な態度や、悪さや無神経さが、お母さんの胸の中にこんなにまで執拗に刻み込まれているなんて！」

そう、母親の胸の中とはそういうものだ。母親が他人と違うところは、母親はあなたをありのままに受け入れ、ありのままのあなたを愛してくれているということだ。

母親はけっして盲目なのではない。思いちがいをしてはいけない。

自分の"いちばんいやなところ"に限って自分では気づかない

驚くべきは、われわれが自分の性格というものについて、かくも判断を誤りやすいということではない。驚くべきはむしろ、とりわけ、私が根っからの性格と呼んでいるものについて、われわれはかくも的確な判断を下しているということなのだ。ひどくずる賢い人であっても、自分の根っからの性格だけは、永久に隠しておくことはできないのだ。

それにまた、人間というのは、他人に対してははなはだ容赦ない判断を下すものである。あなたの友人のことを考えてみればよい。あなたには友人たちの欠点がよくわかっているだろうか。わかっているどころか、いやになるくらいよく見えているのではあるまいか。それらの欠点を頭の中に思い描いてみれば、眼前に浮かぶのは、およそ理想的とはいえないような人物像である。

そういう友人たちに会って話しかける時、彼らの好ましからざる欠点のために、あなたは距離をおいて話をするかもしれない。

あなたが友人のことをあれこれ判断する時、友人のほうもまったく同様に、神のごとく超然と公平にあなたのことを判断しているのだと肝に銘じておくべきである。あなたに対して微塵《みじん》も幻想を抱いていない人々、あなたに対して厳しく、辛らつなまでの評価を下している人々、そういう人たちから一生涯、あなたは吟味され続けていくのだという事実を認識しておくことはよいことである。

特に忠告しておきたいのは、あなたの友人たちを何よりも悩ませているあなたの性格について、当のあなた自身がまったく無自覚だということである。このことを、しっかりと頭に入れておかなくてはならない。

自分が友人の目にはどのように映っていたかをぼんやりと悟りはじめるのは、ある程度、年をとってからのことである。

40歳にもなると人は10年前を振り返り、こんなふうに自嘲気味にいうことになるだろう。「自分は実に厚かましい人間だったにちがいない。自分がいかに他人を憤慨させていたか、今になってみればよくわかる。しかし、当時はそんなことなど夢にも思わなかった。自分では善意のつもりだったのだ。ただ、相手がどう受け止めるか、よくわかっていなかっただけなのだ」と。

そして、とりわけ礼を欠いてしまった過去の行動を思い出し、深く慙愧《ざんき》する……。

だが、そう、これはたいへん喜ばしいことなのだ。年をとるにつれて目から鱗《うろこ》が落ちていくことには、深い満足感をともなうものである。50歳になったら、あなたは自分自身についてなんというだろうか。

このように反省をすることは、謙虚な気持ちを育む。そして、他人の感情を害すまいとする気持ちを育むものである。このような気持ちは、どれほど称賛しても足りないくらいだ。

「心の広さ・やさしさ」はどこからくるのか

先ほど私は、「根っからの性格」という言い方をした。これは、ロバート・ルイス・スティーヴンソン（1850～94、英国の小説家・詩人、代表作に『宝島』や『ジキル博士とハイジ氏』がある）の「根っからの人柄のよさ」という表現を思い出させる。

人が自分の友人を判断する際、人柄を最大の目安にしたりする。「ともかく、あいつは人柄はいいよ」などというわけである。われわれは、自分の友人に関してこの目安を使っているにちがいない。

人柄のよさ、心のやさしさが人間のもっとも立派な特質というわけではないし、また、人柄のよさが世の中の進歩に広く及ぼした影響は、必ずしもありがたいものばかりともいえないが、しかし、友情においては、これはもっとも大切な特質である。何よりも欠くことのできない特質といっていいだろう。もっと立派な特質もあるけれども、最終的には、この特質があると、われわれは安心できるのである。

そして、心のやさしい人は必ず心の広い人間である。心の狭い人間は、けっして心やさしくはなれない。反論したいかもしれないが、どうかもう一度、考え直してみていただきたい。

われわれは**心のやさしささえあれば、それ以外の特質が欠けていても許すことができる**。逆に、心のやさしさを欠いていると、その人を非難し、許すことができない。

もちろん、こんな態度をとることはあってはならないことである。なぜなら、人はもって生まれた性質を、どうこうできるわけではないからである。

めきめきと身長を伸ばすことができないように、心のやさしさも、そう簡単にやすやすと増やせるものではないのだ。そんな離れ業《わざ》みたいなことを成し遂げた人間はいまだかつて一人もいないし、これからもいまい。

にもかかわらず、われわれはやさしい心をもっていない人間を責める。われわれにはこういう信じがたい、我慢ならない、鼻もちならない厚かましさがあるのだ。

まるで、やさしい心をもたない人間は、どこかの店にでも行ってやさしさを買ってくるべきであるとでもいうように。

一方、心のやさしさは「養える」のだという言い方を耳にすることもある。私がそうした考えに異論を唱えているように思われたくないのだが、養えるといっても、それは植物学的意味においてのみ養えるのだ。つまり、イラクサの上にはスミレを養い育てることはできないということである。

賢人は、愚か者たちを快く許してやりなさいとわれわれに申しつける。もっと具体的にいえば、それは心根の悪い人間たちを快く許してやりなさいということなのだ。

2 人はそれぞれが哲学者となりうる

〝平均的な人のための知恵〟はいざという時にまったく役に立たない

先日、ある高名な英国の女流作家から、彼女が実のところ何歳だと思うかと尋ねられた。彼女のほうから尋ねたのだから、かまうことはない、写実的な彼女の小説のように真実に迫らねばと心の中で思った私は、「38歳でしょう」と厚かましく答えた。いってから、あまりに本当のことをいい過ぎたかと思い、心配になった。

ところが、この女流作家は勝ち誇ったように「43歳よ」と答えた。私はほっとして胸をなでおろしたものだったが、今度は「ところであなたはいくつなの」と、彼女が聞いてきた。

女性というのは、男は聞かれればなんでも正直に答えるものと思っているのだろうか。男には見栄《みえ》のかけらもないとでも。だがそれは、思いちがいもはなはだしいというものだ。

もちろん、率直さにかけては、私は女性に引けをとるものではない。私は顔から火が出るような思いで、彼女の好奇心の生贄《いけにえ》とならねばならなかった。そして、敢然と、だが、どぎまぎしながら答えた。

それからというもの、私は自分の年のことが頭からこびりついて離れなくなり、悩まされることになった。自分がもう若くはないということが、自分の心に重くのしかかっているのだという現実を、今まで以上に痛切に知るはめになったのだ。

階段を上ったり、服を着替えたりする時、自分の動作の緩慢さをいやでも思い知らされる。かつては通りですれちがう人の大部分が、自分よりもはるかに年上に見えたものだ。それがいつの間にか逆になってしまった。葉巻をふかし、恋愛をしている私より若い世代の人々がいるのだ。これには愕然《がくぜん》となった。

昔はサッカーで左翼のフォワードとして1時間半プレーしてもへばることはなかった。昔は潜水したままプールの底を150フィート（約45・7メートル）も泳ぐことができたのだ。それなのに、信じられない。まったく信じられない……。

私の人生はもう終わってしまったのだろうか。そんなことがありえるのだろうか。

さて、私は人生の本質的価値に関する古めかしい質問、根本的に重要な質問を自分にしている。

「私は今までに人生から何を得たであろうか。これから何を得られそうであるか。一言でいうなら、**人生にはいかなる価値があるのか**」という質問である。

人が自問するのに、これ以上に重要で根本的で決定的な問いがあろうか。あるとしたら知りたいものである。

これまで無数の哲学者たちが、一般人のために、一様に通用するやり方でこうした問いに答えようと努めてきた。そして、かなり上手に答えを引き出してきたように思う。かくいう私も、彼らが導いた答えの恩恵を受けてきた一人ではないかと思う。

ここで私が彼らのそうした答えを読み上げるのではないか、などとは思わないでいただきたい。そんなことをするつもりは私にはない。こうした本質的な問題についての他人の知恵は、今、私の念頭には何一つない。奇妙に思えるかもしれないが、よくあることだと思う。

実際、私の問いに対して哲学者がどんな答えを出そうと、少しも私はかまわない。こうした場合、人それぞれが、**自分自身で哲学者とならなければならない**からだ。人間の自我の奥深いところには、既成の答えを拒否する本能がある。プラトンの考えたことが、われわれにとってどんな意味があるであろうか。何もないのである。かくして、**この問いは常に新しい**のである。常に回答が求められており、常にドラマティックな興味に満ちているのである。

まことに奇妙としかいいようのないことは——そして、これが、私が何よりも指摘したい点なのだが——**人生の早いタイミングでこの問いを自らに投げかける人が、ほ**

とんどいないということである。手遅れになってから自問する人、あるいは、一生問うこともなく死んでしまう人があまりにも多いということである。

不満だらけのまま人生を生きていく無念さ

そうした人たちの大部分は、自分の人生の貸し借りを精算することを怠っているばかりでなく、あらかじめやるべき人生の在庫調べをすることすら怠っている。値段を確かめもしないで、何を買い、何を売ったかも知らずに、売り買いを続けているのだ。

そして、引き出しの中にお金を放り込んだり、そこから引っぱり出したりしている。店にはどんな商品があるのかを知らないし、残金がどのくらいあるのかも知らない。ただ、店の背後にある居間には、自分が思っているほど快適な家具が整っておらず、また、換気もよくないという印象だけははっきりと抱いている。

そうこうするうちに、歳月は過ぎ去ったけれども、立派な家具は相変わらず備わっていないし、換気設備も少しも改善されていない。そして、ある日彼らは死んでしまい、葬儀にやってきた友人たちはいう。

「なんとまあ息苦しい部屋だ。それに、店は実際、がらくたばかりじゃないか」

あるいは、死ぬ少し前のある晩にいつもより長く店にとどまり、意を決して在庫を棚卸しし、帳簿を調べる。そしてすっかり幻滅し、よろよろしながら居間に戻ってきてこうつぶやく。

「もう快適な家具や換気設備が手に入ることもないだろう。もっと早くわかっていれば、せめて安物のクッションの一つ二つは買っていたのに。そして、げんこつで窓枠をたたきこわしていただろう。

でも、今となっては遅すぎる。固い粗末な椅子に慣れてしまったし、すきま風に耐えられないだろうから」

自分の野心とどう折り合いをつけるか

もし私が説教好きの牧師で、他人の問題に気を配るだけの余裕があるなら、そして、もし、四苦八苦しながら最善を求めるという英国流の愛すべき生き方を、ほぼ40年間、私も追求してきたということを面と向かって否定できるのなら、要するに、実情と反対であるなら、月曜の夜一晩、私はアルハンブラ劇場かエクセター・ホール——アルハンブラ劇場のほうが収容人数が多いからより好ましい——を借り切って、26歳以上の男女をことごとく招待するだろう。

私は騒然としている聴衆に、彼らが元気が出るような飲食物を供し、彼らも私自身も心を開いて打ち解けた状態になったところで、彼らに向かって次のように訴えるのだ——もちろん、名演説家ジョン・ブライト（1811〜89、英国の政治家）も顔負けの朗々とした調子で。

「みなさん！　よくあることですが、みなさんは危険が迫っているのに砂の中に首だけ突っ込んで危険を直視しようとしないダチョウのように、真相を見極めようとしないで時を過ごされています。

これから私はそういうみなさんに、人類の知恵のエッセンスをお話し申し上げたいと思います。とはいっても、抽象的な話ではありません。日々の生活に応用できる原則です。朝の通勤から翌朝の通勤時まで、一日のあらゆる時間に有効な原則です。

それはどういうことかと申しますと、『希望』と『野心』に注意しなさい、ということです。どちらもそれなりに人を鼓舞するものではありますが、みなさんはことごとく、むやみやたらと希望に胸をふくらませて苦い思いをなさっていますし、少なからざる方が、野心のために自分自身を見失っています。

ですからみなさん、次のことを肝に銘じておくべきです。人生というのは、二つの本能を適度に妥協させるところに成り立っているのです——すなわち、**将来に希望を抱く本能と、現在を生きる本能とを妥協させる**ことです」

「今」というかけがえのない時を味わい尽くしているか

「みなさんの多くは、第一の本能が第二の本能の首根っこをつかんで締めつけています。将来を生きる準備は是非ともせねばなりませんが、そのために、**今という時を生きることを忘れてはなりません。**今みなさんが手中にしているチャンス以上によりよいチャンスは、けっして訪れることはないのです。

そんなことはないとみなさんはお考えになるかもしれませんが、それは、みなさんが間違っています。失礼な言い方をお許し願いたいのですが、みなさんは、丘の向こう側の道のほうが、今歩んでいる道よりももっと美しいと考えるほど、世間知らずの夢想家ではないはずです。

希望というものは、けっして実現しないものです。実現しようとするまさにその瞬間に、それは別のものに変質するからです。

野心は成就するかもしれませんが、成就した野心というのは、燃え尽きた石炭のようなものです。生じた熱の90パーセントは、部屋の中ではなく、煙突を通って外に出ていってしまうのです。

とはいえ、希望や野心は人の心を欺《あざむ》くものではありますが、いい気持ちにさせるものでもありますから、希望や野心を抱くことは悪いことではありません。多少は、それに欺《あざむ》かれるのもよろしい。しかし、欺かれすぎないようにしなければなりません。

現在みなさんがこうして生きていること、それが人生そのものなのです――20年後に生きるであろう人生よりも、はるかに人生そのものなのです。この事実をしっかり把握しておいていただきたい。じっくりと考えて、自分のものとしておいていただきたい。この事実をかみしめながら行動し、最後には、現在も未来もともにないがしろにしないようにしていただきたい。

みなさんは幸福を求めておられると思いますが、幸福とは、主として気質に属する問題です。すでにあなたが得ている以上の幸福を得ようとあがいているとしたら、嘆かわしいことです。要するに、**ただちに現在の生活を生きることに身を入れなさい**ということです」

人間というのは繰り返しいわれていると、どんなことでも信じるようになるものだ。だから私は、反復を実践するだろう。

そうすれば、やがて人々にもわかりはじめるにちがいない、私のいうことにも一理あることが。そして、最後に人々は、**今という時をないがしろにすることの愚かさ、未来は現在とはまったく違ったものになると信じることの愚かさ**、そして、**本当に充実した人生を生きる前に死んでしまう**という馬鹿さ加減に気づきはじめることだろう。

3 自分の人生に真正面から向き合って生きる

われわれは「幸福」の意味をはき違えていないか

極端な例ではあるが、話が簡単でわかりやすいのでご紹介したい。「追っかけ蝶」とでもいおうか、流行の後ばかり追っている女性の話である。

この追っかけ蝶という美しい昆虫は、蛾《が》と蝶の双方の習性をもっている。というのは、蛾は夜にならないと現れないし、蝶が飛ぶのは昼間だけだが、この追っかけ蝶というのは、昼夜かまわず飛び回るからである。

誰からも軽蔑され、非難されている一方、ほとんどすべての人間の羨望の的にもなっているという不思議な存在である。博物学には奇妙な事実が山ほどあるが、中でもこれは、とりわけ奇妙《きみょう》奇天烈《きてれつ》な部類に属する。

この蝶にとって、生きる上での目標はただ一つ、いつも世間の流行に乗り遅れないようにしたいということだ。流行といっても、何も特定のものではなく、些細なあれやこれやのさまざまな流行が寄せ集まった大きな全体の流れのことである。

追っかけ蝶にとって、流行というのは、要するに男性であり、芝居であり、レストランやダンス、それに喧騒《けんそう》なのだ。

流行の支流はいろいろ変わろうと、事実、日々変わっているのだが、本流は、何年たとうが、少しも変わっていない。支流の流行というのは、たいてい「真面目」なものが多い。だからこの点から見れば、追っかけ蝶もなかなかどうして真面目なのだ。

たとえば、ある本がたまたま世間で流行すれば、本や作者の名前を覚えるし、そればかりか、大急ぎで読みさえもする。ある音楽がはやりだせば、その曲にうっとりと目を閉じて聴き入り、感動のため息をもらすにちがいない。

社会改革がはやれば、たちまち改革意識に目覚め、すべての人間の思想を改革し、あらゆることを改めようと張り切る――ただし、自分と自分の生活は除いて。

また、慈善活動が流行すれば、最新のドレスを着込み、慈善活動にいそしむ。そう、戦争が時流ということになれば、にわかに戦争に真剣になったりもするのだ。

追っかけ蝶についてずいぶん皮肉っぽい言い方をする、と思われるだろうが、いやでもそうなってしまうのだ。

昔から、追っかけ蝶が話題になる場合は、必ず皮肉か憐《あわ》れみをもって取りあげられてきた。これからもそうだろう。お気の毒さまというほかない。

では、追っかけ蝶は、いったい何を求めて生きているのだろうか。

ひどく貧しい人は別として（ひどく貧しい人たちは、とにかく生き続けること自体が目的だから）、それは、たいていの人々の場合と同じである。すなわち、幸福を求めているのである。しかし、お気づきのように、不幸なことにこの蝶は、**幸福と快楽を取り違えている。**

そして、夜も昼も、気晴らしにしかすぎない快楽をひたすら追いかけ回している。美食に耽《ふけ》り、酒を飲み、気取ってポーズをとっては、互いに華美な服装を見たり、見せあったり、はたまた笑いころげ回り、何かにつけ人真似をしては、おかしな満足感に浸ったりしている。

追っかけ蝶が生き生きしているのは、人の目にさらされている時だけだ。昼も夜も一日中、人の中で過ごす。さもなければ、人前に出る支度をしているか、人前に出た時に与える効果を充電しているかだ。

次々に違った興奮を求めて飛び回るのが習性なのだ。「有限のいのち」に永遠にとらえられているというのに、たえずその力から逃れようとしている。

つまり、けっして幸福とはいえないのだ。快楽と呼んでいる麻薬に興奮し、神経が麻痺しているにすぎないのである。

やがて青春は過ぎ去り、体つきも崩れ始める。顔の若々しい艶もほとんど消え失せてしまう。将来のためにとっておいたものといえば、落胆、不満、幻滅、そして、間違いなく不健康だけである。

まったくもって、信じられないほど愚かしい生き方だが、これはすべて、**幸福の意味を子どもっぽく誤解したがため**のことなのだ。

「与えられた運」を最大限に生かし、毎日を快活に生きる人

さて、こうした追っかけ蝶よりも、**心の満足**のほうを選んだ若い女性のほうが、はるかに賢明であると誰しも思うだろう。こちらの女性のほうは、宇宙の在り方をそのまま受け入れている。

周囲の人がほとんど誰も手に入れていなくても、なんとか自分は手に入れようと、執念深くあらがうようなことはけっしてしない。

この女性はこういう。

「宇宙は私よりずっと力があるのですもの。私のほうが宇宙に合わせます」

そして、この言葉どおりに振る舞っている。与えられた運を最大限に生かし、心身

ともに健全に保てるように気を配る。

ブリッジをしたり、はではでしい慈善バザーを計画したりする連中の快楽がどんなに虚《むな》しいものか、よくわかっているのである。青春はあっけなく過ぎ去るもの。だから、若いうちに厳しい老後に備えるための時間を少しはつくらなければ、と素直に考えている。

こうした女性は、楽しみを文学や美術に求める。これらの楽しみは知性を弱めるどころか、いっそう強靭にし、その喜びはいつまでも色あせることがないからだ。

この女性には分別がある。すべきことをちゃんとしていなければ、幸福になりえないことを、また、**他人に対する思いやりこそ、至福を生む最大の源である**ことも知っている。

だから、義務を大切にするし、自分より他人のことを、まず先に考える。この利他主義が思いやりのもととなり、同時に思いやりが利他主義を引き出す。快活で忍耐強い性格になることを心がけ、庭師が雑草を一本一本抜いていくように、不満のかけらを取り除いていく。

天国がどこにあるかも、よくわきまえている。生演奏が聴ける一流レストランの、楽団に近い席にあるのではない。そのレストランの隣にある人気高級ブティックの試着室の中でも、また、有名人たちが集まるサロンにあるのでもない。**天国は自分の心の中にあるのだ**、ということを忘れない。

こうした生き方は顔に現れる。そのため、追っかけ蝶よりはるかに美しい顔をしている。なんであれ、こうするのが筋だと思えば、運命にも敢然と立ち向かう。結婚していようが、独身であろうが。

あなたは「内なる声」に真剣に耳を傾けているか

流行ばかりを追いかける女性と、心の満足を求める女性、まるで対照的に見える二つのタイプだが、共通点はあるのだろうか。

私の考えでは、悲劇的な共通点が一つある。この共通点ゆえに、まったく同じとはいわないまでも、二人ともほぼ同じように、人生を棒に振ってしまう危険性もあるのだ。

たしかに、一方の女性ははるかに立派な生き方をしているし、多くの点ではるかに分別もある。それでも、双方ともに同じ大きな誤りを犯しているように思う。

その誤りとは何か。

それは、**幸福という言葉の意味**をはき違えているということである。

分別のあるほうの女性も、あらかじめ用心しているにもかかわらず、死が近づくにつれ、いや、それどころか生きている間ずっと、自分は不幸なのだという、他人には窺《うかが》い知れない密《ひそ》かな心の痛みにさいなまれるかもしれないのである。

この痛みの激しさは、どちらの女性においても差はない。そして、死ぬ間際になって、自分の一生は結局のところごまかしだったのでは、と思うことになるかもしれない。

また、同じ理由からこうもいえる。

追っかけ蝶は馬鹿げたものばかり追い回しており、もう一方の女性は馬鹿げていると知っているから、それには近づこうとしなかった。しかしながら、問題の根はもっと深いところにあるのだ。

追っかけ蝶の最大の過《あやま》ちは、何かを追いかけていることではなく、先ほど「有限のいのち」と称したものから、いつも逃げ回っていることなのだ。そして、もう一方の女性もまた、その「有限のいのち」から、逃れようとしてはいないだろうか。実際、そうした場合が少なくないと思う。

しかし、本質において、これこそ人生そのものなのである。双方とも、人生に恐れを抱いており、その臆病さゆえに、二人とも同じ代償を払わなければならないのだ。

双方とも、**内なる声**に耳を傾けようとしなかった。強情に耳をふさいだために、同じように苦しみを味わうことになりかねないのである。

――なるほど、一方の女性は生来、諦観と利他主義をもって人生を生きる天性があり、生まれてから死ぬまで、ある種の心の満足を少しずつ重ねていく素質に恵まれていることは確かである。もしそうならば、結構である。

しかし、追っかけ蝶も、追っかけ蝶となる天性があり、若いうちに、ある種の快楽を味わい尽くし、老後には何も残らないという生き方が向いているのだともいえる。

それならば、どちらの女性も、臆病であるがゆえに自分の人生から逃げているのは、過ちだったことになる。

私がいいたいのは、立派な仕事にせよ、つまらない仕事にせよ、人は仕事に逃げ場を求めようとするが、**人生に対する最大の罪は、人生から逃避しようとすること**だということである。

もし、この罪を犯せば、唯一の本物の幸福を逃がしてしまうことになるといいたいのだ。この**本物の幸福は、単なる快楽からも、また、満足感と諦観からも得られはしない。**善悪の判断力は、悪い行いだけでなく、**善い行いによっても麻痺してしまうことがある**ということだ。これは、否定できない事実である。

とはいっても、やはり、判断力を麻痺させてしまうことは、常に罪であり、判断力が最後に目覚めた時、必ず罰を受けることになる。

逃避した先に〝才能の開花〟はない

人生から逃避することとは、取りも直さず、人生を拒否することである。人生は男性にも女性にも、その本能を発揮できる、しかるべき場をたいてい用意してくれる。ほとんど造作なく、それこそ指一本動かすことなくそうした場が与えられることもある。

たとえば、もともとエンジニアとしての才能に恵まれた若者がいるとしよう。父親は経済力のある有名なエンジニアで、息子が同じ職業に就くことを心から望んでいる。この場合、人生は若者の才能に活躍の場を与えてくれたわけで、しかも、この若者は何の代償を払う必要もない。

しかしながら、こういうケースもある。別の若者は、ものを書く才能にたいへんすぐれている。父親は、やはり名の通った財産家でエンジニアであるが、文学などばかばかしいくだらないものと思いこんでいる。

当然ながら、息子が作家になるなど、もってのほか、必ずやエンジニアにしようと、固く心に決めており、こういうのだ。

「エンジニアになれ。それなら、いろいろ援助をしてやろう。お前の成功は間違いない。しかし、もの書きになるというのなら、びた一文やらないぞ。絶対反対だ」

だが、神がその若者に文学の才能を与えたからには、人生は、その才能が花開くような場を用意している。事実、今日、欧米の若手作家は、かつてないほど、作品を発表する場に恵まれている。

とはいえこの若者の場合、失うものはきわめて大きい。若者はためらっている。もし、作家の道を選べば、両親の賛成を得られないばかりか、家庭の平和も、お金も、そして、おそらくは楽しく何不自由のない結婚生活も、すべて失ってしまうだろう。世間で一般に幸福と考えられているものはほとんどみな、あきらめなければならない。

もちろん作家を志せば、この若者は、失ったものを補って余りある報酬を得るかもしれないが、そうならないこともありうる。たぶん、百対一くらいで、うまくいかない確率のほうが高いだろう。宝くじを1枚買うために、ほとんど全財産を賭けるようなものだ。

分別もあり、素直なこの若者は、結局、宝くじ1枚のために貧乏になるのを望まなかったとしよう。文学の才能は、まだそれほど伸びていない。だから、これをあきらめて、エンジニアになることを選ぶ。

真面目に勉強し、性格もよい上、生来受け継いだ血筋のせいもあって、非常に優秀なエンジニアになり、会社になくてはならない人物と認められる。父の助手を務め、当然ゆくゆくは、後を継ぐことになる。

部下とのつきあいもうまい。魅力的な女性と結婚し、妻を大事にするのを忘れない。かわいい子どももできる。世間は、すばらしい成功者というだろうし、他の人々にとっては、成功のモデルとなる。忠実に義務を果たし、他人を思いやり、心から親切にするので、友人の間でも彼の話でもちきりとなる。この若者は、自分の判断力に特別の敬意を払っている。

それでも、もし文学を志す本能が本物ならば、彼は心から幸福だとはいえない。そして、作家にたまたま会うことがあったり、作家について何か読んだり、あるいは、一冊の本に深く感銘を受けたりすると、自分は人生から逃避するという罪を犯してしまった、と痛切に感じる。判断力を特別大事にしたことが、かえって判断力を麻痺させてしまったことを知る。

楽で平坦な道が、実は険しい道であり、あえて挑まなかった荒れた道こそ、厳しいにもかかわらず、本当は歩きやすい道だったかもしれない、と気づく。本当の生き方がわからなくなり、たえず苦しい後悔にさいなまれる。

しかし、後悔をかき消すためにできることは何一つありはしない。苦しみを和らげる解毒剤はないのだ。麻薬とて充分とはいえない。

生まれてこのかた、少なくともさほど重要でないレベルで、人生の挑戦から逃げたことのない人は、まずいないだろう。人生の充実感を心ゆくまで味わいたいと思うあまり、物心ついた頃から向こう見ずに行動してきた、といって自分を責める人など、はたしているだろうか。

「精いっぱい、ひたむきな努力をした後の満足感」こそ最高の幸福

幸福の定義は、おのおの自分で考えなければならない。私はといえば、辞書に載っている定義はほとんど忘れることにしている。

辞書で幸福と引くと、たいてい、まず「富裕、成功」という具合に説明しているだろう。周知のごとく、実につまらない定義である。次に並んでいるのが、「比較的長続きし、快い感情が心を占め、このままずっと続けばいい、と本能的に願わずにいられないような満足の状態」といった定義だ。

この最後の定義はウェブスターの辞書から拾ったのだが、なかなか的を射ている。それでも、その「満足の状態」が何を指すか、私なりに定義させてもらうのでなければ、ここに上がっているどれ一つとして受け入れるわけにはいかない。

なんであれ、自分のせいで、自分の能力が長い間使われずにいるとすれば、それは、私にとって「満足の状態」とはいえない。**満足の基本は、もてるすべての能力を存分に生かして使うことにある、**と私は思う。

ところが、能力をくまなく活用することが、必ずしも幸福や富裕、安定に結びつくとはかぎらない。また、運命を満足して受け入れること、「快い感情が心を占める」ことに結びつくものかどうかさえ疑わしい。むしろ、逆の結果を生むほうがはるかに多い。

私の考えでは、**幸福とは、まず「精いっぱい、ひたむきな努力をした後に得られる満足」**を指す。誰しもミスをしたり、あるいは重大な過失を犯したりした経験はあるものだ。こうした失敗について考えると、晩年にはたとえわずかにせよ、暗い影が投げかけられるにちがいない。しかし、だからといって、満足が味わえなくなるとはかぎらない。死ぬ間際になると、「私は馬鹿な真似をしてしまった」と認めざるをえないとしても、みな、それでも結構幸せなのだ。

一方、もう二度とないような局面で、人生が突きつけてきた重大な挑戦に応じなかったと後悔しているならば、けっして満足できないし、それゆえ、私の考える意味で、「幸福」とはいえない。

内なる声は、絶え間なくこう責め立てる。「意気地なし。お前は勇気がなかった。人生から逃げたのだ」。もちろんこの声は、他人には聞こえない。しかし、どうがんばってみても黙らせることができない。だから、最後になって、この恐ろしい内なる評決が下るのを聞かなければならないと思えば、世間でいう意味で不幸な一生を送るほうが、よほど「幸福」ともいえるのである。

第3章

人生をますます豊かにする読書法

——本は繰り返し繰り返し、考えながら考えながら読め！

1 最上の「知恵の宝庫」との向き合い方

文学は、人間として当然心得ておくべき「身だしなみ」か？

文学を愛好する「文学趣味」と呼ばれているものについては、誤解している人が少なくない。まず、この誤った考えを取り除く必要がある。

どういうことかというと、「文学趣味」とは、洗練されたたしなみのことであって、これを身につければ申し分のない人間となり、上流社会の一員としてふさわしいと考えている人が、大部分とはいわないまでも、少なからずいるということだ。

そうした人は、立派な席に招かれた際に礼儀作法をわきまえていないと恥ずかしく思うのと同様、文学について無知であることを恥辱であると思っているのである。人間として当然心得ておくべきこと、少なくとも人間として一応のところは知っておくべきことがあって、文学というのはその中の一つであるというのが、そうした人たちの考えなのである。

しかるべき場での身だしなみを心得、どんな場合でも恥ずかしくない立ち居振る舞いができるだけのことはわきまえている。時事問題にも精通し、持ち前の勤勉さと進取の気性のおかげで仕事も順調にいっている。

そういう場合、自尊心のある人ならば、忘れてはならない必須のものが文学ということになっているわけだ。絵画や音楽はどうでもいい、文学こそ「万人が心得ているべきもの」と見なされているのである。

とすると、実は文学は、気晴らしの対象としても魅力あるものになってくる。かくして文学は、二つの目的に適《かな》っていることになる。すなわち、きちんとした教養を身につけているということの証明となり、かつまた、個人の娯楽としても役立つというわけである。

数学やゲームの実力は計り知れず、チェスにかけては向かうところ敵なしの腕前、ヴァイオリンでハイドンを弾きこなすというある若い数学の教授が、書物についての私のとりとめのない話を聞いた後、「そうだ、文学もやらなくっちゃ」といった。つまり、彼のいいたいのはこうだ。「文学のことを少しなおざりにしていた。他の趣味は一通り磨きをかけたので、今度はひとつ文学でもやるか」と。

申し分のない人生を生きるために

こうした態度、あるいはこれに類した態度というのはすべて間違っている。文学のなんたるかを、そして、文学の効用のなんたるかを真にわきまえている人にとって、こうした態度というのは、まさに噴飯《ふんぱん》ものである。

文学趣味を養うという点からいっても、致命的である。

文学趣味を単なる一つの教養と考える人、文学を単なる気晴らしであると考える人は、本当の意味で教養を身につけることはできないであろうし、気晴らしとしても、中途半端にしか役に立てることはできないであろう。文学趣味が非の打ちどころのない気晴らしであり、文学が上品さにおいて、あるいは、文明人に共通の知的虚栄心をそそる点において他の才芸の追随を許さないものであったとしても。

文学というのは、生活のアクセサリーではない。それどころか、申し分のない人生を生きる上で不可欠な根本的なものなのである。

私は誇張するような言葉の綾《あや》をできるだけ避けようと思っているが、それでも、次のようにいっても許されるのではないかと思う。**「文学の恩恵にいまだ浴していない人間は、相変わらず母胎の中で眠っているようなものだ」**と。

そういう人間は、この世に生まれる前の状態なのである。まだ、目も見えなければ、耳も聞こえない。充分にものを感じることもできない。ただ単に、食事ができるだけのことにすぎない。

文学の本当の効用を知り、その恩恵に浴している人間にとって何よりも腹立たしいのは、現実は冬眠中の熊のごとく、生きているのか死んでいるのかわからないような生活をしながら、自分は活き活きと生きているという幻想の下に徘徊《はいかい》している輩を目のあたりにすることである。

冬眠中のような人生を送りたくなかったら…

文学を研究する目的というのは、暇な時間を楽しむことではない。それは、**自分自身を目覚めさせることであり、活き活きと生きることであり、喜び、共感し、理解する力を強めること**である。1時間ではなく、24時間作用するものである。自己と世の中の関係を一変させるものである。

文学を理解し、味わうということは、**世の中を理解し、味わうこと**である。それ以外の何物でもない。生活の中の孤立したばらばらの部分ではない。一つの全体図にまとめられ、関連づけられた生活の総体を意味する。

文学の精神とは、統一することである。それはロウソクと星を結びつける。そして、イメージのもつ魔力によって卑小なものの中に存在する偉大なものの美を指し示す。
また、文学の精神は、隠された美を発見し、対象となるあらゆるものを総合することに満足せず、さらに、あらゆるところに因果の跡をたどることによって、人の道を踏み外さずに生きる知恵を身につけさせることである。

文学とは、つまり、**人生を生きる上での一つの手段**なのだ。したがって、文学趣味を養うということは、生きる上での手段を最大限に活用する術を学びとるということにほかならない。

このことを心に刻んでおくべきである。活き活きとした人生を送りたくない者、強く物事を感じて生きるよりは、冬眠中のような人生を生きたいと思う者は、文学などに手を出さないほうが賢明というものである。

2

「古典」をどう読み、どう生かすか

「これはためになるのだ」とつぶやきながら読む!?

たいていの人は、自分の国の古典文学に対して不信の念を抱いている。それは、恐怖心といってもよいかもしれない。

人は時折、古典を何気なくひもといてみる。それがおもしろいだろうとは、はなから期待していないし、自分の「性に合わない」ことを本能的に知っている。

実際に読んでみると、思っていた以上におもしろくない。序文を読み、最初の1、2ページにちらっと目を通す。ばらばらな言葉が目に映るばかりで、なんら心に訴えてくるものがない。木にとり囲まれるばかりで、森が見えないのである。やがて、その本を放り出してしまう。

しばらくすると、別の古典に手を出すが、結果は同じことである。10年かそこら同じことを繰り返したあげく、ついには、古典とは縁無き衆生《しゅじょう》となってしまう。雑誌や最近の小説は別として、これが普通の人の文学遍歴であろう。

たとえ、文学というものに本当に心を奪われている人であっても、普通の人の場合と同様、すんなりと古典に馴染んでいるわけではない。そういう人も、わくわくした気持ちで古典を手にとるのではない――とにかく、大好きな現代作家の新作を手にとる時のようなわくわくした気持ちで古典に向かうわけではない。

一般的にいえば、古典というのは、評判ほどの喜びを与えるものではない。人が古典を読むのは、むしろ義務感、よいことをするのだという気持ち、「向上心」といった気持ちからであって、喜びからではない。舌なめずりをしながら読むのではなく、「これはためになるのだ」とつぶやきながら読むのだ。

読書計画を立てて読むわけではないから、何か新しい作品、古典ではない作品が目にとまると、すぐにそちらのほうに心が移ってしまい、古典からどんどん遠ざかってしまう。「毎日1時間、古典を読まないうちは、他のものは読まない」という規則でも作らないかぎり、古典は遠い存在になってしまう。

誇張しすぎたかもしれないし、逆に控えめに述べすぎたかもしれないが、ともあれ、おおかたの読者は、今まで私が述べたところに大体当てはまるのではないかと思う。

自分自身に不満を感じており、もっと全身全霊で文学を享受したいとたえず思っている。どこか間違っているところがあると感じてはいるのだが、どことはっきり指摘することができない。その上、どこか自分にはごまかしているところがあると感じている。

心から実感してもいない古典に対する情熱を自分の心の中の何かに駆られて、披瀝《ひれき》せずにはおられないのである。読んでいる古典がおもしろくてたまらないと、無理やり思い込もうとさえする。だが、次の瞬間にはもう途中で投げ出してしまって、二度とページを開こうともしない。

時々、古典を買うことは買うが、読みはしない。もっているだけで充分、もっているだけでひとかどの人間であるという証明になると勝手に決めこんでいる。

要するに自分をごまかしているわけであるが、ごまかし切れずに、心は自責の念でいっぱいなのである。

そして反省する。「自分が古典に熱中できないのはなぜだろうか。もっと学問を積み、もっと幅広く研究をしなければならないのだろうか。自分の場合は漠然とした憧れを抱くばかりで、文学を純粋に味わう才能に生まれつき恵まれていないのではないだろうか」と。これが、おおかたの人が抱いている古典に対する感情であると思う。

はじめのうちは偏《かたよ》らずに広く読んでみる

ところで、文学趣味を養おうとすることは、楽しいことである。楽しめなければ、養えるはずがない。もっともそれは、簡単にできるという意味ではない。

ゴルフで名手に勝とうとすることは楽しいことではあるが、一所懸命、規則正しく練習を積まなければならない。この点は心に銘記しておく必要がある。

一時的な中途半端な努力で、大望が実現するとは思ってはならない。

これには、それ相応の決意を固めた上で取りかからなければならない。めざす高みにまで自分を引き上げ、敢然として大計画に立ち向かっていかなければならない。手はじめに、着手した日をカレンダーに、神聖なる日として印をつけておくとよい。

人間の性質とは脆弱なものである。幸福の追求でさえ一筋縄ではいかない。

まず、時間が必要である。それも規則正しく、しかも他のことに煩《わずら》わされない切り離された時間が必要だ。こういうと、規則正しく時間はとれないし、そんなふうに時間に縛られるのはいやだという人が少なからずいる。

なるほど、そういう人もいるだろうが、それはきわめて稀であって、たいがいの人は自分の怠惰に対する言い訳から、規則正しくということに異を唱えるのだ。私にはそう思える。やる気になれば、規則正しくやれるのだ。週のうち、これと決めた日に、これと決めた時間を文学趣味を養うことに着実に割くならば、はるかに早く目標に到達するはずである。ただ、ちょっと決心をすればいいのだ。**決心をするのが、まず第一の準備**である。

第二の準備は、自分で読書的雰囲気を作り出すために、**自分の周囲を書物で埋めること**である。これは物理的なことではあるが、重要なことである——経験のない方はどうでもいいことだと思われるかもしれないが、想像以上に大切なことなのである。理屈をいえば、研究者は（参考資料は別として）、一時に1冊の本があれば足りるであろう。

文学を趣味として楽しんでいる人間であれば、これまた理屈をいえば、週に少額の決まった出費で古典の廉価《れんか》版を1冊ずつ買い足していけば、自分の趣味を伸ばしていけるかもしれない。そして、買い求めた書物は、帽子の空箱やビスケットの空き缶にでも詰め込んでおけばよいのかもしれない。

しかしながら、実際にそんなことのできる人は意志の塊《かたまり》のような人であって、普通の人間にはまず真似ができない。

普通の人間には、まず目で見る喜び、手に取る喜び、そして所有感を満足させることが必要なのだ。文学をものにするためには、何がしかの犠牲を払わなければならない。犠牲を払ったものには愛着が湧くものである。

どんな書物を買っていけばよいかという細かい点は、知識が増えれば自ずとわかってくる。とりあえずは、権威ある批評家が太鼓判を押しているものなら、どんなものでも買うことだ。**読むつもりがあろうがなかろうが、まずは、買うこと**だ。財布が許すかぎりどんどん買い込んで、自分の周囲を書物で埋めるのだ。読書に関して、とりわけ私がここで強調しておきたいのは、「文学のあらゆる分野」に一通り親しむために、**偏らずに広く読んでおく**ということである。

自分を知り、自分を磨きあげる格好の材料

少数ではあるが、文学の熱烈な愛好家の中には、寝ても覚めても文学、文学といって、血眼になっている人がいるが、それはどうしてであろうか。

その答えは一つ。そういう人は、心の琴線《きんせん》に触れる、いつまでも消えない喜びを、文学の中に発見しているからにほかならない。

ある人たちがビールを楽しむごとく、彼らは文学を楽しんでいるのである。繰り返しこうした喜びを味わえば、自然と文学に対する興味は常に活き活きとしたものになる。どこまでも新しい探究を続け、どこまでも自分を磨いていく。

したがって、自分というものがわかってくる。自分の求めているものがわかってくる。経験を積むにしたがって、その趣味はますます確かなものとなっていく。

明日になればうんざり退屈しそうなものを、今日楽しむということはなくなる。自分で退屈な書物だと思えば、いくらおおぜいの人間がおもしろい本だと騒ぎ立てようが、見向きもしない。自分でおもしろいと思えば、いくら他人が冷ややかに黙殺しても、その書物が立派で不変の価値をもつという自分の信念は微動だにしない。自分に確信があるのである。

では、書物のどのようなところが、そのような少数の熱烈な文学愛好家の心の琴線に触れる、永続的な喜びを与えるのであろうか。これは難しい問題であって、いまだかつて申し分のない回答が与えられたためしがない。

それは真理だ、洞察だ、知識だ、知恵だ、ユーモアだ、美だ、などと軽々しく口にするかもしれないが、こうした言葉は心地よい言葉ではあるが、実際、何を意味しているかはつかみづらい。どの言葉も——とりわけ真理と美は——定義が必要だからである。

ジョン・キーツ（1795〜1821、英国ロマン派の詩人）は、彼一流の繊細な表現で、「美は真理であり、真理は美である。私が知るのはこれのみにて、これ以上知る必要もなし」といっている。なるほど、もっともな言葉ではあるが、私にしてみれば、もっと知る必要があるのである。

胸が締めつけられるような感動、そして好奇心

古典とは、**文学に飽くことのない強い関心を抱く少数の人間に喜びを与える作品**の

ことである。そういう少数の人間が、喜びの感動を新たにしようとの情熱に燃え、たえず好奇心を働かせ、たえず再発見にいそしむからこそ、古典は永遠の生命を保っているのである。

古典が生き残っているのは、倫理的な理由によるのではない。一定の基準を満たしているからでも、黙殺できないからでもない。古典は**喜びの源泉**であるからこそ、生き残っているのであり、蜜蜂が花を無視できないように、少数の熱愛者が古典を無視できないからこそ、今に読み継がれてきているのである。

少数の熱愛者たちは、正しいという理由から「正しきもの」を読むのではない。それは本末転倒であって、少数の熱愛者が読みたがるからこそ、「正しきもの」は正しいのである。

したがって——ここが私の主張したい大事な点であるが——文学趣味にとって欠くべからざる大切なことは、文学に対して**熱烈な関心**を抱くということである。この熱烈な関心さえあれば、他のことはすべて自ずから解決する。

現在、古典に喜びを見出すことができなくともかまわない。関心を激しく駆り立てれば、いやでも経験が得られ、経験を積めば、いかにすれば喜びが得られるのかがわかってくる。自分なりの秘訣がまだわかっていないだけのことなのだ。関心を抱き続ければ、必ず胸が締めつけられるような喜びを味わうことができるようになる。

もちろん、経験の積み方に上手、下手の違いはあるのだが。

『ローマ帝国衰亡史』の成立背景から学ぶこと

文学趣味を養うなどというと、一見、どことなく雲をつかむようで、また、ややこしいことのように思われるが、だからといって、気後れしないようにしていただきたい。それほど雲をつかむようなことでもなければ、ややこしいことでもないのだから。経験は足りなくても熱烈な関心を抱いていれば、「あらゆる分野にわたる文学」を思い浮かべて混乱したり、驚いたりする必要は少しもないのだ。

専門家や学者（特に学を衒《てら》う学者）は、便宜上、文学を大別し、細分化する——散文と詩、あるいは想像的と哲学的と歴史的とか、また、哀歌調、英雄詩調、叙情詩調とか、さらには、宗教的、異端的などなど、際限がない。しかし、本当は、文学はただ一つであって、不可分のものである。文学は一つだということは、よく認識しておく必要がある。**すべての文学というのは、人生のおもしろさに対する感動から生まれた感情や情熱や情緒の表現**である。

歴史家を駆り立て、歴史を書かせるものは何か。過去を振り返って受ける激しい感動以外の何物でもない。歴史家は、他の人たちのために過去を再現して表現してみたいという思いに駆られるのである。歴史家とは熱情的な人間で、自らの感情を他人に伝えようとする人間である。このことに今まで気がつかなかったとすれば、エドワード・ギボン（1737〜94、英国の歴史家・政治家）の『回想録』を読まれるといい。その中でギボンは、『ローマ帝国衰亡史』を書き上げた時のことを述べている。これを読めば、『ローマ帝国衰亡史』が無味乾燥の書物であるとは、二度と思わなくなるだろう。

さまざまな規則や基準に基づいて文学を大別、細分化することは、単に不必要であるばかりでなく有害でもある。そんなことよりも、まず大切なのは、文学をある程度自分のものにすることである。すぐれた作家たちが伝えようとしている情感をいくらかでも実感し、その実感した情感があまりに多種多様で、整理し、名称をつける必要がある場合に——その時にはじめて——分類法やレッテルを貼る方法について学び始めてもけっして遅くはない。

手引き書とか論文は、それはそれで立派なものであるけれども、とっかかりの時点では、重荷になるだけである。まず最初に個々の具体的概念を把握し、それらを総合することによって、はじめて真に有用な一般的概念を把握することができるのである。藁《わら》が無くてはレンガは作れない。抽象的な文学や文学理論に頭を悩ましてはならない。文学の実体をつかむのだ。犬が骨をつかむように文学を具体的に捉えるのだ。

どこから文学に手をつけるか、などという質問はしないでいただきたい。犬は、骨をどちらの端から片づけたらよいかなどとは考えない。どこから始めようが、そんなことは問題ではない。**好きなところから始めればいい**のだ。文学は一つのものである。

「現代の作品」はまずは避ける

ただ一つの条件がある。まず、**定評のある古典から始める**ということである。現代の作品は避けなければならない。

現代の価値を低く見て、その分、過去の価値を高く見ようというのではない。実際、最終的に広く公平な趣味、見識を身につけようと思えば、現代の作品は、古典の足もとにも及ばないという、あまりに通俗な思い込みに陥らないようにすることが大切である。

「50年前には偉大な作家も多少はいた。だが、もうみんな死んでしまった。今の若い連中でそれに代わるほどの作家は出てきそうにない」。こういってため息をもらす人は、いつの時代にもいる。こうしたものの見方というのは、愚かとはいわないまでも、嘆かわしいかぎりで、趣味、見識の狭い証拠である。

一つの時代は、それが歴史の中に後退し、その時代のあらゆる凡庸《ぼんよう》なものが剝落《はくらく》した時はじめて、その時代のありのままの姿を――天才たちの集団を――われわれの眼前に現す。すばらしい時代にも無数のたわごとはあるが、それらは、われわれの記憶から消えてしまうだけである。**一つの時代に創造される立派な文学の総量というのは、時代によって多少の差はあっても、たいして違わない**ものだ。

そして、われわれの時代が、そのすぐれた審判者となるわれわれ自身の子孫たちに好ましい印象を与えるであろうことを信じても、少しも間違っていない。

だから、心の中で現代という時代をあしざまにいうことはやめたほうがよい。現代はひとまず棚に上げておこう。現代の麦殻に包まれている麦の実は、他の時代の同量の麦殻が包んでいる麦の実とほとんど同量であることを忘れないでおいてもらいたい。

〝本当の醍醐味〟を味わうために必要な「幅広い趣味と眼識」

では、始めるにあたって、なぜ現代の作品を避けねばならないかといえば、あなたが現代の作品の中から書物を選択できるような段階にまだ達していないという、それだけの理由からである。

いや、誰であれ、現代の作品の中から確信をもって選択できる人は一人もいない。麦殻から麦の実をふるい分けるには、きわめて長い時間がかかる。現代の作品は、これから何世代にもわたって鑑識眼による法廷を通り過ぎなければならない。

一方、古典のほうは、すでに厳しい試練を経てきているので、事情は正反対である。あなたの趣味、見識のほうが、古典という名の法廷を通過しなければならないのだ。

ここが大事な点である。**古典を読んで腹に落ちなければ、問題があるのはあなたのほうであって、古典ではない。**これが現代の作品であれば、問題があるのはどちらともいえない。決定を下せるだけの権威ある審判者もいない。あなたの趣味、見識は、まだ未完成なのだ。指導が、しかも、権威ある指導が必要である。

文学趣味を養おうとする場合、信念が大切になってくる。人は、最初からある特定の古典が特に好きだということはないだろう。もし、最初から特定の古典が好きだというなら、その古典に関するかぎりは、その人の趣味、見識がすでにできあがっているることになる。ここでは、まだそれができあがっていないという仮定のもとに話を進めていきたい。

どうすれば、古典を好きになれる域に達することができるのであろうか。

もちろん、第一には、古典をよく吟味し、理解するように精いっぱい努めることが大切である。しかし、そうする上で、次のような信念をもって進めていくと大いに役立つ。

つまり、「この古典は立派なもので、自分に喜びを与え得る書物だ。自分は絶対の確信をもってそう信じている。だから、自分は、なんとしてもこの中に喜びを見出すつもりだ」。こうした心構えが役に立つのである。

幅広い趣味、見識をもつことが、幅広い喜びを見出す鍵である。そして、幅広い趣味、見識を養う上で、信念はすこぶる重要な役割を果たす。しかし、その信念は、確固とした権威に立脚した信念でなければならない。

3 文章こそ、その人、その人生である

「たくましい想像力」と「心の耳」を働かせて

これから文学との触れ合いを求めていこうと考えている人は、**書物の背後には人間が存在する**のだということを常に念頭においておくこと、これが非常に大切である。書物とは人間の表現にほかならない。書物とは、話しかけ、感情を伝えようとしている人間にほかならない。

経験を積んだ読書家は、書物からそれを書いた人間を推測し、書物によってその人間を理解する。だが、初心者の場合は、書物以外のところから筆者についての知識を得ておくほうが、その書物をよりよく理解できるだろう。そうすれば、その書物を人

間的なものとすぐに結びつけることができ、ひいては、文学と人生の関わりについて本質的な認識をいっそう強くもつことができる。

古代の文学は、芸術家によって口頭で直接、次の担い手に伝えられた。ある点では、これは理想的なやり方ではあったが、社会構造の変化とともに、それは不可能になった。とはいえ、われわれに話しかける筆者の言葉の調子は、想像力を働かせることによって、いまだに心の耳で聞きとることができる。作品の背後にある人間を感じることができるよう、われわれは想像力を働かさせねばならない。

作家にとって文体とアイデアは等しいものか

書物の価値を論ずる際に、次のような指摘を耳にすることがある――自分の文学観を文学者に面と向かっては口にできない臆病な人たちの意見であるが。

「文学的にはまずい作品かもしれないが、捨てがたいところがある」

「文体はお粗末だけれど、なかなかおもしろく、示唆に富んでいる」「自分は専門家ではないのだから、文体などはどうでもよい。問題は中身がいいかどうかだ。内容さえよければ、批評家が何といおうがかまいはしない」――

他にも同じようないい分がたくさんあるが、いずれにせよ、こうした所見を吐く人はみな、心の中で文体とは付随的なもので、内容とは別個のものであると考えている――自分の作品が古典として認められたいと望んでいる作家は、まず内容を見つけ、それを配列し、それから、批評家の気に入るように文体という衣を優雅にまとわせるのだと考えている。

しかし、これは誤った考えである。**文体と内容は不可分のもの**である。作家があるアイデアを思いつく時、作家はそれを言葉という形にして心に抱き、その言葉の形が、作家の文体を作り成すのである。

したがって、文体は絶対的にアイデアに支配されている。そのアイデアは言葉によってのみ存在し、言葉が作るただ一つの形においてのみ存在する。

同じことを二つの異なった様式で寸分違《たが》わず言い表すことはできない。少しでも表現を変えれば、アイデアもそれに応じて変わってくる。表現を変えれば、表現されるものも変わってくるのは明らかである。

作家があるアイデアを思いつき、それを表現した後で、「磨きをかける」こともあるかもしれない。いや、おそらく、「磨きをかける」だろう。だが、何に磨きをかけるのであろうか。**文体に磨きをかけるということは、アイデアに磨きをかけることにほかならない。**

すなわち、アイデアの欠陥や不備な点を発見し、それを完全なものにしようとするいうことである。アイデアとは、表現にともなって姿を現すものである。アイデアは表現される時にはじめて存在するのであり、表現されないうちは存在しない。アイデアは自らを表現するものなのだ。明快なアイデアは明快に表現されるし、曖昧な思考は曖昧に表現される。

自分の言葉のことを振り返ってみればよい。というのは、科学とは常識を発展させていったものであるのと同じように、文学は日常会話を発展させていったものであるからである。科学と常識の違いは程度の差にすぎない。日常会話と文学の違いも同様である。

自分の考えていることがはっきりわかっている場合、自分の考えをうまく言い表して、相手にわからせることができる。考えていることがよくわかっていない場合には、舌がもつれる。

それに、日常の自分の話し方がその時の気分にいかに左右されやすいか、注意して振り返ってみてもらいたい。おだやかな気分の時は、話し方もおだやかだし、感情がたかぶっている時は、話しぶりもたかぶっているはずだ。

感きわまった時など、「もし、これを表現できたらなあ……」ともらすことがあるが、それは間違っている。「この感きわまった状態で、しっかり考えることができたらなあ……」とつぶやくべきなのだ。はっきり考えている時には、その考えを胸のうちにしまっておくことに困難を感じることはあっても、その考えを表すことに困難を感じることはけっしてない。**思っていることが表現できないという場合、表現すべきはっきりとしたものがない**からなのである。

やっかいなのは、表現しようとしてできないのではなく、もっと明快に「考えよう」と思いながら、それができないことなのである。

以上のことを考え合わせれば、文体と内容は共存し、不可分であり、等しいものであることがよくわかるはずだ。

「内容」は文体の影響を受ける

文体は悪いが、内容はいい、などということはありえない。その点を、もう少しくわしく見てみることにしよう。

ある人がすばらしいアイデアを伝えたいと思っているとする。その人は、一つの形式をもつ言葉を使う。その言葉の形式こそ文体なのである。読み終えた人が、「なるほど、このアイデアはすばらしい」といえば、書いた作家は目的を達成したことになる。しかし、「なるほど、このアイデアはすばらしいが、文体はよくない」ということは、いかなる場合にもありえない。

読者と作者を結ぶ唯一の媒体は、言葉の形式である。**すばらしいアイデアが読者に伝わったとすれば、それは言葉によって伝わった**のである。そうしてみると、そのすばらしさというのは、言葉の中にあるはずである。

「表現はぎこちないけれど、いわんとすることはわかる」という言い方のほうがまだいい。しかし、何によってわかるのだろうか。言葉の中の、文体の中の、あるものによってわかるのである。そのあるものが、すばらしいのである。

さらに、文体までぎこちなければ、いわんとすることがはたして本当にわかるだろうか。わかるとは断言できまい。とにかく、はっきりとはわからないはずである。「内容」とは実際に相手に伝わったところのものであって、それは必ず、**文体の影響を受けている**のである。

内容の出来は文章の出来に比例している

文体というものを、さらによりよく理解するために、知人の身振りや態度について考えるのと同じように、作家の文体についても考えてみてもらいたい。

あなたの知人の中に、物腰は「常におだやか」であるが、癇癪《かんしゃく》を起こしやすい人がいるだろう。どうして癇癪を起こしやすいということがわかるかというと、その物腰の中の、たとえば、くちびるをヒクヒクさせるとか、指の関節が真っ白になるまで固く手を握りしめるといった、ちょっとした動作がそれをうかがわせるからである。要するに、その人物の物腰は、もともとおだやかではないのである。

あるいはまた、いつも物腰は丁寧で愛想がいいが、不愉快な感じを与える人がいるだろう。どうして不愉快な感じを受けるかといえば、その人が、くどくどしくて気持ちが悪いからであり、丁寧な態度も心からの丁寧さではないからである。

また、野暮《やぼ》で、内気で、不器用でありながら、威厳と強さを感じさせる人がいるだろう。野暮や内気さ、不器用さに交じって、たしかに威厳が備わっているからである。

さらに、武骨《ぶこつ》で粗暴なのだが、愛情の濃い人間だと直感的にわかる男がいるだろう——その男の言葉の調子に、その眼差しに、それとわからせるものがあるからである。

いずれの場合も、うわべはその人の性質と相反するように見えても、実際は物腰、態度というものは、その性質と一致しているものである。物腰、態度は、性質とけっして相反するものではない。相反するのは、性質のある面と他の面なのである。野暮に見える人というのは、結局のところ、実際に野暮なのであり、不器用に見える人は事実、不器用なのである。そして、そうした性質は欠点なのである。態度は、単にその欠点を露呈しているにすぎない。結局のところ、**性質は態度に表れるもの**である。したがって、**態度は性質の結果である。**

文体と内容の関係も同様である。武骨で粗暴な態度は、その男のやさしさにそぐわないといわれるかもしれない。私はそうは思わない。実際、その男は武骨なのであり、それは妻にとってもやりきれないくらいなのである。時々やさしくしてくれるので、そのことを忘れてしまうのである。その男の態度は、その性質が現れ出ただけにすぎない。

というわけで、10ページを読んで読みづらいと思ったら、次の10ページには恍惚《こうこつ》とさせられるような作家に出会ったからといって、そこでその文体に癇癪を起こしてはならない。文体がまずいから、内容が「生きていない」などといってはならない。武骨だが、やさしい心根の人物のことを思い出してもらいたい。

振り返って考えてみればみるほど、**文体の欠点と長所は、すなわち内容そのものの欠点と長所にほかならない**ということが、はっきりわかってくるはずだ。

「文体」を見ればその人の人生がわかる

ある作家の文体を判断する場合は、人間を判断する際と同じ基準を用いなければならない。そうすれば、無視してもいいようなつまらない事柄を重視するようなことはないであろう。

尊敬の気持ちがなければ、いかなる友情も長続きはしない。ある作家の文体が尊敬できないような類いのものであるならば、今はその作家がおもしろいにしても、そこには何か間違ったものがあるのであり、そのおもしろさにもすぐ飽きがくるにちがいない。その作家に対して自分がどんな感情を抱いているか、検討してみる必要がある。

ある作家の文章を読んだ時、華麗な言葉遣い以外に何も感じるところはなかったが、気に入ったとする。そういう時、ただ口上手なだけの人間と1カ月間休暇を過ごしたら、その後でどんな感じがするものか考えてみてもらいたい。ある作家の文体が気に入ったが、クスクスと笑わせる程度の内容のものであるなら、冗談をいって笑わせる以外に能のない人間のうんざりさ加減を思い出してみるとよい。

これとは逆に、作者のいっていることには感銘は受けるけれども、言葉遣いの拙《つたな》さに気づくことがある。そのような時には、親切で聰明《そうめい》な男なのだが、手にしているティー・カップで絨毯《じゅうたん》を汚すおそれのある友人のマナーを気にする程度に気にすればよいのである。つまり、その「まずい文体」については、さほど気にする必要はないということだ。この友人の応接間での不調法は多少遺憾ではあるが、かといって、マナーがひどいとはいえないだろう。

また、ある作家の文体にたちどころに目を奪われ、その華麗さだけしか目に入らないことがある。そういう場合、その内容に賛嘆の声を上げる前に、初対面の時、一斉射撃のごとく、その人柄で強烈な印象を与える人物のことを、結局は後でどういうふうに考えるようになるか、胸に手を当てて考えてみるとよい。一般的にいえば、尊敬に値するような人というのは、次第次第にわかってくるものであって、花火のように、はじめからひらめきでわかるものではない。

要するに、**人生を見つめるように文学を見つめなさい**、ということだ。そうすれば、文体は人なり、ということに必ず気づくようになる。文体など問題ではないとか、文体によって内容のおもしろさが影響を受けることはない、などとはいわなくなる。そして、文体だけで事足りるなどともいわなくなるであろう。

もし、文体の問題について、ある文体が良いのか悪いのか決めかねるような場合には、いっそ文体があるということを忘れてしまうのがいちばん賢明である。実際、文学の影響は受けても、その印象を分析したことのない大部分の人にとって、文体といったようなものは存在しないのである。文学を二つの要素に分けて、これは文体、あれは内容などとはいえないのである。

さらに、文学の意義と価値は、他の分野と同様、常識を働かせることによって理解され、評価されるべきである。

常識を働かせれば、たとえ天才であろうが、いかなる人も、下品でかつ上品であるとか、美しく同時に醜いとか、正確でかつ曖昧《あいまい》であるとか、やさしいが同時に冷酷であるなどということはありえないことがわかる。

だから、内容と文体の間に根本的な矛盾を設定しようとすること自体が馬鹿げたことであることが、常識によってわかる。

表面的な矛盾がある場合は、二つの相反する性質のうちの一つは、他に比べてはるかに重要性に乏しいものである。文学を実人生の尺度に照らしてみれば、どちらの性質をより高く評価すべきかは、常識によってただちに決まる。

また、単なるマナーのいたらなさを重視して、すぐれた性格を軽視したり、優美な立ち居振る舞いに目を奪われて、中身のなさを見逃してしまう危険はないであろう。

疑わしい場合には、文体など無視して、一人の人間について思いをめぐらすように、内容について思いをめぐらせばよい。

4 知的世界にどう遊ぶか

一人の著者をとことん掘り下げて読んでみる

文学的教養を積む準備段階において興味に火をつけ、その火を燃え続けさせるために、一時、ある一人の作家、とりわけ、チャールズ・ラム（1775〜1834、英国の作家、随筆家。『エリア随筆』『シェークスピア物語』など）のような率直で「人間味あふれた」作家を専門的に読むというのは、何よりも役に立つ。

とはいっても、3カ月間、『ラム全集』だけに没頭して、他のものは一切読んではならないというのではない。ラムの作品の中で重要なものと、それらの作品について知っておくべきことすべてに精通するまでは、余暇時間の一部を規則的にラムの研究に捧げてもらいたいということである。

あなたが隠れたラムの専門家になっていけないという法はない。ラムこそは、うってつけの作家である。量も多くないし、難しくもない。高尚すぎるということもない。楽しいか、心を打つか、どちらかである。

そしていちばん大事なことは、ラム自身が文学が好きでたまらなかった人間であるということである。ラムが好きになれば、必ず文学一般が好きになる。ラムを読めば、必ず文学一般についてわかってくる。

というのは、本がラムの趣味であったと同時に、彼は一流の批評家でもあったからである。ラムの手紙には文学的味わいがあふれている。その手紙を読めば、無限に心が慰められるばかりでなく、彼の作品に対する光明を存分に得ることができるであろう。

真の読書が育てる「自分への自信」

これから話そうと思っているのは、研究を進める上での方針についてである。つまり、ある程度の努力を持続させる必要があるということについてである。読書をする時は、新聞を読む時よりも、少々決心や辛抱、それに頭を働かせることが必要だということだ。

事実、「労働」することが必要なのである。本書を読み始めた時には、「労働」しなければならなくなるとは思ってもみなかったことと思う。しかし、**全身全霊を傾ける心構えがなければ、文学趣味は充分に形成されるとは思えない。**

励ます意味で、ここであらかじめ次のことをいっておきたい。チャールズ・ラムを広く研究すれば、すぐれた作品に親しみ、文学的知識を増やし、真の読書がもつ雰囲気、そして**ものを「感じとる力」**を得ることができるという利益ばかりではなく、精神的な利益――すなわち、「一つの事柄についてある程度のことを知っている」という、非常に大切で、かつ大いに励みとなる利益――をも得られることに気づくだろう。

そうなれば、立派に第一歩は成功したことになる。将来、チャールズ・ラムについて何を耳にしようが、読もうが、専門家として判断できるようになっている自分を誇らしげに感じることだろう。この当然の誇りと達成感に促されて、さらに前進していくことになる。さしあたりは、この間接的な精神面の利益のほうが、直接の文学的利益よりも大切であると私は考えている。

最高の古典を味読する力

さて、一所懸命にチャールズ・ラムを読んだとして、その結果のことについて一言触れておかなければなるまい。読んだ挙げ句、ラムにすっかり失望してしまったかもしれない。

あえて率直にいえば、とにかく、多少は失望したのではないかと思う。期待していたほどの喜びは味わえなかったのではないか。はじめて古典に接した時は、往々にして失望を感じるものであるとは、すでに指摘しておいた。

初心者というのは、古典を「つまらない」と感じがちなものである。ラムは、期待したほど楽しくもおもしろくもないと思ったことだろう。自分を再三、鞭打たなければ、ページをめくれなかったのではないかと思う。要するに、ラムはあなたにとってはすばらしい名声ほどのことはなかったということだ。

しかし、古典というのは、文学に何よりも興味を抱いている後世の人々に喜びを与えるからこそ古典なのであり、ラムを読んであなたがつまらないと感じたとしたら、どこかが間違っているのだ。

困難には堂々と立ち向かっていかなければならない。困難に立ち向かってこそ、文学趣味を養うという行為の核心に到ることができるのだ。

あなたが古典に興味があるなら、ラムの中にたえず心を奪うものを見出すはずである。ところが、実際、あなたがラムの中に見出しているのは、退屈さであって、かすかなユーモアと時折の哀感によってアクセントはあるものの、全体的におもしろくなくもないといった程度の印象なのである。

理屈からいえば、あなたは当然、ラムに熱中していいはずなのに、熱中できないのである。せいぜい、半ば程度にしか熱が入らないのである。溝があるわけである。

では、どうすればその溝を越えられるか。

自分よりも知的にすぐれた人の世界に分け入る喜び

この溝を越えるには、時間と労を惜しんではならない。次のように考えると役に立つかもしれない。

まず第一に、一般に古典の世界、具体的には、たとえばチャールズ・ラムの世界に入っていこうとする時、**自分よりも知的にすぐれた人の世界に入っていくのだ**ということを念頭においておく必要がある。普通、そうした場合にはどのようなことが起こるか。それは、自分よりも知的に劣った世界にいる場合に起こる事柄を思い浮かべてみればよくわかる。

まず、こちらのいわんとする意味が相手に通じない。冗談も通じない。相手が大声を上げて笑うようなことは、ばかばかしいか、子どもだましにしか思えない。こちらが恍惚となるような美は、相手の目には少しもとまらないし、こちらがお粗末だと思うものに相手は恍惚《こうこつ》となっている。相手が深遠な真理だという事柄は、こちらにしてみれば月並みな些事《さじ》にすぎない。物事を知覚する力は、相手はどちらかというと雑であるが、こちらは比較的鋭い。

こちらは相手にわからせ、理解させようとする。相手が自分のいたらなさに気づけば、ある程度はうまくいくが、自分のいたらなさを認めない時は、どうしようもないので、何もいわずに好きなように自己満足に耽《ふけ》らせておくしかない。

誰でもこの種の経験があるはずである。自分よりも不幸な人間がいつも身の回りにいるように、自分より知的に劣った人間もいつも身近にいるはずだから。

古典に近づく時は、自分をこの知的に劣った側の立場において自分の足りなさを自覚し、うぬぼれを捨てて謙虚な気持ちになり、劣ったところから抜け出そうと努力するのが、まことに賢明なやり方というものである。

したがって、ラムに対しては、次のような態度をとるべきである。

「チャールズ・ラムは自分よりも偉い人間である。自分よりも聰明《そうめい》で、鋭敏で、洗練されており、より知力があり、美を見る目もとぎすまされている。心を引き締めて、彼の導くところに随《つ》いていかなければならない」

われわれの態度は、はるかな物音を聞こうと耳をそばだてて聞き入る人の態度でなければならない。

物音を聞きとるためには、実際、耳をそばだてなければならない。すなわち、全能力を集中して熟読しなければならない。ゆっくりと忍耐強く読まなければならない。**古典とは、こちらから求めて近づくべきものであって、また、そうするだけの価値のあるもの**なのである。

それに、いかなる援助も軽蔑してはならない。とはいっても、古典そのものを読む前に、その古典の批評を先に読むことには賛成できない。作家の古典作品と伝記を一緒に研究し、その後に批評を読むべきだというのが私の意見である。

古典の再版本につきものの「批評的解説」というのは、巻頭ではなく、巻末におかれるべきものであると思う。

たとえ、どんなにかすかな印象であれ、他から与えられることを拒否して、読者は白紙の状態で古典の印象を受けるべきである。

しかし、読んだ後には、好きなだけ解説的批評を読んでもかまわない。解説的批評はたいへん役に立つものだからである。読んだものを自分で熟考するのと同じくらい有益である。解説的批評は、主題全体を照らし出す一条の光を投げかけてくれる。

〝誇張のない〟古典の美しさ

第二に、「溝を越える助け」として考えるべきことは、**古典から得られる喜びの質**についてである。

古典から得られる喜びは、けっして激しいものではない。それは、ほのかなもので、次第に強さを増していく。それにしても、激しいといったものではない。

教養のない人が感じる芸術的な喜びというのは、概していうなら、激しいものである。誇張、バランスの欠如、あるいは、一つの側面、それも表面的な側面に偏った重点がおかれていることに喜びを見出してしまうからである。その喜びは、ウスター・ソースの味に似て、こってりしているのである。

さて、すべての古典に共通する特徴があるとすれば、それは、**誇張がない**ということである。釣り合いのとれた健全な判断力をもっている人は、誇張や歪曲《わいきょく》を使えない。古典の美しさというのは、すぐさま圧倒的に感動を呼び起こすようなものではない。むしろ、そっとしみじみと湧き上がってくるような感動である。

古典に対して間違った種類の喜びを期待しているために、最初の段階で失望を味わってしまった真面目な研究者は、けっして少なくないと思う。

ウスター・ソースは捨てても、その味が忘れられないのである。あのどぎつい、こってりした味がいまだに忘れられないのである。

こってりとした味に馴染んでしまうと、感受性を——こってりとした味に対する感受性さえわからなくなる——すべて失ってしまうようになるということを知らねばならない。粗雑なものと繊細なものをあわせもつことはできない。

粗雑なものは喜びを殺すが、繊細なものは喜びを強める、ということを念頭において選択しなければならない。

5

心に活力を生む読書法

書物は「自分の個性」で読むことが大切

今や、あなたは文学という大海原《おおうなばら》に船出したことになる。錨《いかり》は揚げられ、海の上を漂《ただよ》っている。

不注意な人、楽天的な人を待ちかまえている危険や失望については、私はこれまでにも充分警告をしてきたつもりだ。あなたが着手した企ては生やさしいものでも、簡単なものでもない。いずれ、苦しみ、悩む時がやってくるであろう。その時には、印刷術の発明者だけでなく、あらゆる作家を地獄に落としてやりたく思うことだろう。

しかし、本当にラムに親しみたいならば、そしてたとえ半分でもラムのことを知りたいのならば、彼の随筆や手紙を読む時に、ラムの才気あふれた語り口が耳に響くようになるまで、心の中にラムのことを思い描くといいだろう。そうすれば、あなたは一歩先に前進してもよい状態になっている。そして、どの方向に進むべきかがわかるであろう。

あなたの目的が、できるかぎり崇高な、心の励みとなるような芸術的喜びを得ることであるとするなら、ここでは、文学の教師となるような正規のコースを勧めるつもりはない。むしろ、そうした正規のコースは踏まないようにと勧めたい。

どんな人も、ことに初心者は、文学を歴史的に順に学んでいくというコースをとると、喜びも利益ももたらさないような単なる知識の詰め込みに追われ、必ず退屈な時間を空費するはめになるだろう。

何を読むかという選択にあたっては、読む人の個性が尊重されるべきだ。気まぐれが重視されるべきなのだ。というのも、**気まぐれにこそ、読む人の個性がもっともよ**

く現れるからである。

自分というものを見失ってはいけない。自分に言い訳してはならない。文学に関する百科事典的知識を身につけ、文学に敬意を表すために、あなたが生きているわけではないのだから。**文学はあなたの役に立つために存在しているのだ。**あなたがいて、そして文学があるのだ。

つるたぐり式に知的領域を広げる楽しみ

とはいっても、すでに説明した理由から、まず当分の間は、古典に限定して読書するのがよいだろう。そして、一定のコースを踏まないにしても、一つの方式、主義をもつ必要はある。気まぐれを放置しておけば、とんでもないものに発展してしまうことは、今さらいうまでもあるまい。

私が勧めるやり方は、一つのものから始めて、順次、他に発展させていくということである。文学の海というのは、どんな部分も他の部分とつながっている。陸地に囲まれて孤立した湖というものではない。私がもともと、ラムから始めるように勧めたのも、このやり方を念頭においてのことだったのだ。

もし、ラムを親しく読んでいるなら、その読書の中でラムは他の何人かの高名な作家を、すでにあなたに紹介しているはずである。そして、今度はその作家を順次親しみをもって読み進めていけば、その作家たちからも大いに教えられることになる。

そうした作家の中には、ワーズワース（1770〜1850、英国ロマン派の詩人）、コウルリッジ（1772〜1834、英国ロマン派の詩人）、サウジー（1774〜1843、英国の詩人・作家）、ハズリット（1778〜1830、英国の批評家・随筆家）、リー・ハント（1784〜1859、英国の批評家・随筆家）らがいるだろう。

ラムを読めば、必然的にこうした作家を知ることになる。これらの作家の中には、英文学史上もっとも重要な作家も含まれている。ラムの作品群を分岐点にして、好みにしたがっていろいろな方向に発展していけばいいのである。

このように、ラムから始めて次第に読む対象を広げていけば、ラムの交友関係やラムの生きていた時代が、あなたが求めているものにぴったり当てはまっているという印象を強く受けるにちがいない。というのも、ラムは英文学の復興期を生きた作家だからである。ワーズワースとコウルリッジは詩を再建し、スコット（1771〜1832、英国の小説家、代表作は『アイヴァンホー』）は小説を再建した。ラムは人間記録を再建し、ハズリット、コウルリッジ、リー・ハントたちは批評を再建しつつあった。火花は飛び散っているわけであるから、これであなたの興味に火がつかないとしたら、それは奇跡というほかない。

「力」の読書と「知識」の読書

ただし、一言注意しておきたいことがある。あなたは、「古典にかじりついてさえいれば、間違いはない」と思っているかもしれないが、間違いもありうるのだ。すぐれた作品ばかりを読んでいるにしても、**同じ種類のものばかり読みすぎる**という重大な誤りを犯す可能性があるからだ。

さて、文学の種類であるが、たった二つしかない。それは、散文と韻文とか、形式と主題といったものではない。その2種類とは、「感激を与えるもの」と「知識を与えるもの」の二つである。文学上、純粋な区別として存在するのは、これだけである。

このことを最初に明確に指摘したのはエマソン（1803〜82、アメリカの詩人・思想家）だったと思う。エマソンの言葉を借りていえば、**「力」の文学と「知識」の文学**ということになる。偉大な文学はほとんどすべてこの二つの性質を兼ね備えているのであるが、通常は、どちらか一方の性質が他の性質よりも勝っているのが普通である。「感激を与える」性質が勝っているものであれ、「知識を与える」性質が勝っているものであれ、どちらかに偏ってしまうことは避けなければならない。「感激を与えるもの」ばかり読みすぎると無感動になってしまうし、「知識を与えるもの」ばかり読みすぎると心の活力が枯渇してしまう。

両者の間で注意深くバランスをとれというつもりはない。自分の好みのほうに傾くのはやむをえない。いいたいのは、どちらかを無視してしまうようなことになってはならないということである。

自分にとって本当の良書とは何か

私の目的は地図を与えることではなく、**羅針盤を与えること**である。そこで次に、広く読書一般に当てはまる注意事項を三つばかり述べたいと思う。

あなたは自分の中に自分なりの基準をもっており、それによって自分が理解できる書物を吟味することができる。また、そうしなければならない。ある本があなたにとって真面目な本物の内容を備えたもののように思われたら、その第一印象についてあれこれ思い悩む必要はない。あるいは、将来、その本についてどのような気持ちを抱くだろうかと気を揉む必要もない。結局のところ、その本が好きになるであろうし、好きになってかまわない。人生におけるのと同様、文学においても正直であるということは常に大切である。

ただし、第一印象については警戒を怠ってはいけない。真実というのは、必ずしもいつも愉快なものではない。真実というのは一見したところ、人を狼狽させ、不愉快にさせるのが普通である。だから、遠ざけたいという衝動に駆られる。そんなものとは関わりをもちたくないからである。ある書物に軽蔑の念を感じたら、その書物のことはきれいさっぱり忘れてもよい。

しかし、軽蔑の念と腹立ちの念を混同しないように注意しなければならない。ある本を読んで腹が立っても、その本が良書である可能性は充分にあるからだ。**良書は、たいていはじめは、軽蔑の衣をまとった腹立ちの念を引き起こすもの**である。

作者に正直さを要求するなら、自分自身も正直でなければならない。**自分に対して正直であることは、思うほど簡単なものではない。**

自分の感覚や感情を客観的に吟味してみなければならない。腹が立って書物を放り出した時、「しかし、それは真実だ！」というかすかな声が、自分の心の中に聞こえないか耳を澄ませてみることだ。もし、そのささやきが聞こえたら、すぐにでもその声に従ったほうがよい。

というのは、遅かれ早かれ、その声が正しいことが証明されるからだ。

同様に、ある本に固執する時、「なるほど。だが、それは真実ではない」というひそかな警告の声が聞こえないか、耳を澄ませてみるのだ。というのも、悪書は読者にへつらい、喜ばせ、読者の弱点や卑俗さに付け入って、いかにもすばらしい立派な書物であるかのごとく思わせがちであるからだ。

読書をする際に、「それは真実であるか」と真剣に自問し、その答えに忠実に従うことは、あれこれ頭を悩ませるよりは文学趣味を養うのにずっと役に立つ。

もっとも、このように自問するだけで事足れりというつもりはない。**真実の書は、必ずしも偉大な書物とはかぎらない。しかし、偉大なる書物にして真実でないものはない。**

「本を読む目的」しだいで収穫に格段の差が出る

次に第二の注意点であるが、読書に際しては、明確な目的——喜びを得るという以外の目的を考慮に入れておく必要がある。喜びを与えることは、あらゆる芸術作品の最高の目的であると私は思っている。

というのは、およそ**芸術から得られる喜びというのは、人の心を鼓舞するものであり、その人の生き方に浸透して、生き方を変えるもの**だからである。しかし、その喜びがもっとも多く得られるのは、規則的な努力をした時だけである。そして、規則的な努力というのは、まとまった努力ということである。

戸外を散歩することは、すばらしい運動である。すばらしいのは、歩くことそれ自体である。にもかかわらず、賢明な人は散歩に出かける時に、たいてい、副次的な目的を念頭におくものである。

一定の場所まで行こうとか、一定の距離を一定の速さで歩こうとか、一定の時間を歩き続けようとか、心の中で決めておくのである。

この場合、自分の努力を一つのまとまったものにしようとするのは、一つには、歩くということの利点を他の利点と結びつけるためであるが、主として、それはその努力を確実に、充分、適切な努力たらしめるためである。

読書についても、これと同様なことがいえる。文学に打ち込んでいるあなたにとって、最高の目的は喜びを得ることである。しかし、副次的な目的をもたなければ、その最高の目的は充分に達成されないだろう。その副次的な目的によって、どの程度あなたにやる気があるかがわかる。

その副次的な目的は美学的なものでもよいし、倫理的、政治的、宗教的、科学的、あるいは、幅広い教養的なものでもよい。ある人物、ある論題、ある時代、ある国家、文学のある一分野、ある思想だけにもっぱら打ち込む場合もあるだろう。すなわち、対象の選択範囲は広いのであるが、必要なのは、**一つの明確な目的をもつ**ということである。

読書法について述べた際、規則正しく読書に取り組むことを勧めはしたが、強く主張はしなかった。しかし、ここでは達成しようと決めた事柄を完成させる日付をあらかじめ定めておくことを勧めたい。是非ともそうすべきである。あらかじめこうした決意をしっかり固めておかないと、みじめな失敗に終わる危険性がはなはだ大きくなるのである。

蔵書を増やせ！

第三の注意は、**蔵書を増やせ**ということである。いうまでもなく、書物がなければ読書はできない。まず何よりも、たえず書物を買うことである。今すぐ関係があろうがなかろうが、定評のある書物ならなんでも買っておくのである。

今こそはっきりといっておきたいのであるが、読書家とは、何はともあれ、書物をたくさんもっている人間のことなのだ。書物をたくさんもっていない人間は読書家ではない。

長年の間、文学の権威者たちは、文学愛好家のために見事に選定された良書のリストを作成してきた。最良の小説、最良の歴史書、最良の詩、最良の哲学書などの中から、「優良書100選」とか「優良書50選」なるものを選定してきた。ただ、致命的なのは、それらのリストからは、当然一流と認められている文学作品が大量にもれ落ちていることである。

真の読書家というのは、選り抜きの蔵書では満足できないのだ。最小限、すべての分野にわたって一通り完全に蔵書が揃っていないと気がすまない。こうした基礎を築くことが先決で、その後に自分の好みに合わせて、わき道の蔵書を買い足していけばいいのである。

6 自分を一まわりも二まわりも大きくしてくれる書物のありがたさ

「人智の結晶」の重み

偉大な書物とは、偉大な著者の非本質的な部分から生まれ出たものではない。著者のまさに神髄が流露《りゅうろ》したものである。すなわち、著者の生命そのものの表現なのである。そして、文学はそれを読む者の実生活の中に置き換えられてはじめて、その真の目的を果たすことができる。**文学は生きる上での手段となってはじめて、目的を遂げたといえる**のである。

進歩とは、人間の理性と人間の本能の間の果てしない闘争の結果として徐々にもたらされるものである——理性はゆっくりと、しかし、確実に勝利を収めてきている。

この闘争においてもっとも強力な武器となるのが文学である。**文学は真の思想と高邁な感情の広大なる貯蔵庫である**――そして、人生は思想と感情によって成り立っている。

もし、この世に文学がなければ、ごく少数の天才を除いて、すべての人間の知的、情的な活動は、狭小な範囲にかぎられてしまうことだろう。また、文学という貯蔵庫がなければ、気高さ、寛容さというものは姿を消してしまうだろう。したがって、人生は堕落したものになってしまうだろう。誤れる思想をもつ者、卑しい感情のもち主は、天才の思想や感情に啓発されることはけっしてないであろうから。

文学のない社会を想像してみることによってはじめて、**文学の役割というのは、低きを高きにももちあげること**であることがわかる。立派な人生を生きた一人の人間の後に続いて、一万人の人が立派に生きていけるようにと、文学は存在するのである。文学とは生き方なのである。人生の本質に関係しているのだ。

もちろん、文学には、これらよりも小さな役目もある。すなわち、一時的な淡い喜びを与えて、楽しく時を過ごさせるという役目である。大多数の人は（一般に読書家と呼ばれている人たちも少なからずこの中に含まれているが）、文学のこの小さい役目のほうしか利用していない。そういう人たちは、暗に文学をゴルフやブリッジ、あるいは、入眠剤と同類のものと見なしている。しかし、文学者たちには、こうした暇つぶしの類いと張り合おうなどという気は毛頭ない。そうした類いの文学の利用は、考慮に入れずともよいであろう。

自分の一生を決めるほど重要ないくつかの「恩書」は？

さて、あなたが意識する、しないにかかわらず、さまざまな出来事や場面に直面した際に、今までに読んだことがある書物、または、読んでいる書物の中の思想や感情を思い出し、追体験するように味わうことがないならば、あるいは、そうした書物の記憶が、美に対する感受性を強めないならば、また、個別の些事を普遍なるものと結びつけるのに役立たないなら、そして苛立ちを静め、悲しみに威厳を与えることがないならば、あなたは読書家には向いていない。

まるで聖職者の説教のようなことをいうとおっしゃるかもしれない。そのとおり。私は真剣なのだ。

というのも、書物が与えるものと、比較的真面目な読者が苦労して得ているものとの間の落差を思うと、その努力のしがいのなさ、失敗していながら無頓着《むとんちゃく》に自己満足している様《さま》にぞっとしてしまうからである。せっかく努力していながら、まったく効果が上がらない有様を目にすると、どうにも憤りを感じてしまうのだ。

別の傑作に手を出す前に、自分がこれまでに読んだことを誇りに思っている傑作を一列に並べてみるとよい。並べた書物のいちばん先頭の書物、すなわち、系統的な読書をしようと新年の決意にも似た真剣そのものの気持ちで熟読した、あの書物を手にとってみるのだ。そして、自分の心を隅々まで調べて、その書物から得て蓄積した思想や感情を吟味してみるとよい。

日々の対人関係で、最近いつその書物から得たものが脳裏に蘇《よみがえ》ったか、思い出してもらいたい。その書物が歴史書だとしたら、いつそれがあなたの現代政治についての考え方に、一条の光明を投げかけただろうか。それが科学書だったとしたら、いつそれが明らかな無秩序の中にも秩序の存在を示し、必然的な結果を判断する役に立っただろうか。それが倫理の書物だったとしたら、人間関係のつまらない問題を処する際に、いつ影響力があっただろうか。それが小説だとすれば、それがいつ、「すべてが腹に落ち、許す」ことに役立っただろうか。それが詩であったならば、いつそれが美に目を開かせる拡大鏡、あるいは、冷えつつあった信念を燃え立たせる炎となったであろうか。

こうした質問に対して充分な返答ができるならば、あなたがその書物を読んで成果として得、蓄えたものは、満足のいくものであると思ってよい。充分な返答ができないならば、**書物の選び方が間違っていたか**、あるいは、**単に読んだと思いこんでいるだけで、本当の意味では読んでいないかのどちらか**である。

このように読書で得た成果を調べてみた結果、得たものが思っていたほどたいししたものではないという結論にどうしても到達したなら、その不運の原因を調べてみる必要がある。

その原因はいくつも挙げられるだろう。無価値な書物を読んでいたのかもしれない。しかし、これはありえないことだといえる。新刊書の批評をしている者でもないかぎり、普段から読書し慣れている人間が価値のない書物を読むことは滅多にない。第一に、読書家は定評のある書物を読むことに追われており、新刊書を読む暇はほとんどないのだから。

そして、普通は、彼らがその新刊書を手にとるころには、時間が、あるいは批評家が、良書と悪書をすっかり篩《ふるい》にかけておいてくれる。**凡庸な作品が真剣な読書家の目をごまかす機会など、滅多にあるものではない**のだ。

突然目から鱗《うろこ》が落ちたように「わかる!」読書の醍醐味

それに比べると、真剣な読者が書物の選択を誤るということは、ありえないことではない。それも絶対的と相対的と、二つの形で誤りを犯すなんて。

長年、読書を続けてきた読書家は、長年慣れ親しんできた書物が、突然目から鱗《うろこ》が落ちたように「わかる」という奇妙な経験をもっているものである。

ある定評のある本を読む。そして、「なるほどいい本だ。この本を読むと喜びを感じる」と思う。そして、間をおいた後、たとえば半生を経た後、ある不思議なことが起きる。そこで再びその書物を取り上げる。そうすると今度は、一文一文に新しい深い意味を見出す。そしてつぶやく。「以前はこの本がまったくわかっていなかったのだ」と。


しかし、これはこの読者が以前に比べて利口になったというわけではない。あることがたまたま起こったにすぎない。

たとえば、まだ時計というものを知らない人が金時計を見たとする。この人にも美しいものを感じる力はあるので、時計をありがたがり、喜びを感じる。この人はいう。「これは美しい骨董品だ。実に嬉しい装身具だ」と。そしてそれから、誰かから時計という物が何であるかを知る「鍵」を渡される。それを知った時の気持ち、頭の中がパッと明るくなったその人の有様を想像してみるとよい。

同様なことが、たえず読書を続けている人の毎日の生活にも起こっているのである。この人自身はそうした鍵をもっていないし、そんなものが存在するとも思っていないのである。以上を称して、絶対的に選択を誤っていると私はいうのである。

「何」よりは「なぜ」と問う人間の性《さが》

選択が相対的に誤っているというのは、多くの書物に手は広げているものの、その選択に何の秩序もなく、したがって書物から受けた印象が希薄で、しかも、それらが互いに重なり、入り組んでぼやけてしまっている場合である。

書物というのは、お互いに助け合い、補い合わなければならないものである。そして、そうなるためには、何か指導原理のようなものが必要である。では、その指導原理とは何かということであるが、それは他人から与えられるものではなく、一人ひとりが自分で作らなければならない。

が、あえて一般論的な見解を述べれば、次のようなことがいえるかもしれない。すなわち、心の世界で大切なのは、**数の多さではなくて、総合的にとらえているかどうか**ということである。事実や思想についていうならば、まっとうな意図をもった平均的な読書家が犯す大きな誤りは、物事の「原因」に心をくだかないで、「結果」としての単なる名称を知っただけで満足してしまうということである。

「なぜ」とは問わず、「何」という質問の答えを求める。歴史を学んでも、すべての歴史は地理的な事実から発生しているのだということに考えが及ばない。植物学について詳しくても、植物という外皮がなかったなら、地球はどうなるかということまではわざわざ考えてみない。個々の星座の名前はよく知っているが、なぜ金星は夜中に見えないのかと尋ねられると、細かい科学的なことには頭を使わないことにしているのだ、と答える。

名称などはつまらないものだということを知らないのである。単に目を楽しませるだけのものは、科学的事実から生まれる豊かで想像的な観察力に比べれば、取るに足らないだけのものだということがわかっていないのである。

精神生活を驚くほど豊かにしてくれる一条の光

たいがいの人の読書というのは、非哲学的であると思う。すなわち、何よりも人生の詩情をかき立てる要素に欠けていると思うのである。

単なる骨組みにすぎなくとも、**知識に体系をもたせられなければ、その読書は非哲学的なものにならざるをえない。** さまざまな分野の知識の間の相互関係が頭に入ってはじめて、専門とする領域が正しくわかってくるのである。

どんな種類の知識が入ってきても、次々と書き入れていくことのできる概略図、あらゆる部分間の相互の類似点をたどっていける概略図を描いておかなければ、間違いなく努力の大部分を空費してしまうはめになってしまう。

たとえば、一度完全に自分のものにしてしまうと、それこそ目から鱗が落ちたごとく、物事が見えるようになってくる哲学書がある。

だから、それまで何も見えなかったような人も、そうした書物を読むと、それ以後はいたるところに**因果の関係**が見えるようになる。別の比喩でいうならば、そうした書物は、**知識の全体図**を明確に与えてくれるということだ。

読書の成果を吟味してみた結果が思わしくないとすれば、読むのに骨は折れるが、**知識を総合するような尺度を与えてくれる書物**を読んでいないためである。たった一条の光、一つの貴重なヒントによって、人の精神生活は驚くほど澄みわたり、活気に満ちたものになる。その一条の光を探し求めて、ついに得られずに終わる人もある。しかし、大部分の人は、探そうともしていないのである。

「考えながら」読め！

読書の成果が思わしくない最大の原因については、まだ述べていない。それは、以上述べた原因よりもはるかに単純な原因である。

それは、**考えることをしない**ということである。

人は繰り返し、繰り返し読みはするが、それ以上の努力は払わなくとも、作者のいわんとする要点は吸収同化されるものと、厚かましくも考えているのである。しかし、そんなことはない。吸収同化されていない証拠は、自分自身の生活を振り返ってみればわかるだろう。

少なくとも、読むのに費やしたのと同じ時間を、その内容について活発に、明瞭に考えてみることに費やさないとしたら、極端な話、それは著者を侮蔑していることになると私は思う。

著者が伝えようとしている思想を分類し、伝えようとしている感情を明確に自分の心に刻印するために、労をいとわず頭を使い、心を傾けないならば、読書とは、単なる気晴らし以外の何物でもなくなる。

気が重いことではあるが、これは事実である。

なぜ気が重いかといえば、考えるということに普通、人は慣れていないからである。友人から昨夜は何をしたかと尋ねられて、「読書をした」と答えれば、その友人は感心することだろう。しかし、「思索した」などと答えようものなら、友人はニヤリと笑い、あなたは赤面することになる。

その気持ちはよくわかる。自分もまったくそうである。しかしながら、考えることを怠ることが、読書の成果を上げることのできない第一の原因であることは、どうにも確かな事実なのである。

第4章

自分を磨きあげる文章術

——文字にされた言葉には不思議な力がある

1

達意の文章をどう書くか

——日記を例にとって

真実を正直に書くことの難しさ、おそろしさ

文字にされた言葉には不思議な力がある。ここでは、まず文字にされた言葉というものについて考えてみたい。

文字にされた言葉もそうだが、話された言葉、口にされた言葉というのも実に始末が悪い。不幸、大失敗、罪、不安、こうした単語は、人々が口にしたとたん、たちまち深刻の度合いが高まる。

たとえば、癌《がん》を内心恐れている女性がいたとする。他人にその恐怖心をちらりとで

も打ち明けたら、これまで以上に癌の恐ろしさがつのってくる。その言葉を口にすることで、どういうわけか恐怖心に現実味が加わってしまうのだ。

しかし、文字にされた言葉になると、その扱いの難しさは、口にされた言葉の比ではない。

無知な人たちや教養のない人たちは、書くことに迷信がかった強い畏怖心を抱いているという。こういった感情は、迷信がかったものではなくて、誰でも、自分で試すことができる現象、神秘的な、人をおじけづかせるような現象に基づいているのだ。

事実、書くこと——真実を正直に書くこと——に対し、何らかの恐れを覚えない人はほとんどいない。

書くことが、まるで何かのはずみで爆発し、自分たちを粉微塵《こなみじん》にしかねない高エネルギーの爆薬であるかのように疎《うと》んじたり、目を背けたりする人も少なからずいる。

「いちばん恥と思うこと」をまず書き出してみよ

しかし、書くことに対する恐れというものは、それぞれ程度の違いはあれど、人はみな同じような恐れを抱いているのである。

書いたものは、ただ書いてあるからという理由だけで怖いのではない、と主張する人がいれば、次の実験をしてみればいい。

つまり、こうするのだ。誰にも他人には知られたくないようなよからぬ行動をしたり、そのようなことに思いをめぐらしたことがあるだろう。別に、殺人や横領などといったことではない。そんなことは誰もが犯すわけでもないし、大体、犯したいとも思わないだろう。

私のいう「よからぬ」こととは、深く恥じ入り、あるいは、苦に思って、今まで他人にはけっして打ち明けてこなかった、そんな類いの事柄である。

人に知られたくない、そんな秘密を誰でも胸の内にそっと隠しているものだ。それを書き出してみるのだ。曖昧にごまかさず、はっきり書き出してみるのだ。たぶん、あなたは尻込みするだろう。うまく逃げるための言い訳を探してくるにちがいない。

たとえば、こんな具合だ。

「いや、でも、もし誰かが書きつけた紙をたまたま見つけてしまったら、どうするのだ」

それには、こう答えよう。

「書きなさい。後で金庫に入れておけばいい」

すると、こういう。

「いや、でも金庫の鍵をなくすことだってありうるし、他の誰かがその鍵を拾って、金庫を開けてしまう可能性もある。それに、私が急に死なないともかぎらない」

これには、「もし死んでしまったなら、紙が見つかったところで、何も気にする必要はないだろうに」といおう。

すると、「死ねば気にする必要がないなんて、どうしていえるのか」という。

なるほど、その点では譲ろう。それでも、書いたものに対してこれほどまでに反発するのは、自分の正体が他人にばれるのが怖いためではない。そのことを証明してみたい。今度の実験は、厳しい条件を守ってやってもらわなければならない。

まず、家の人にみな外出してもらう。あなた以外、家には残らないようにする。玄関にも、裏口にも鍵をかける。

次に自分の部屋に入り、ドアをロックする。誰かが不意に入ってくることがないように、ドアの内側には家具を積んでおくといい。

次に、暖炉に火を燃やし、そのそばに机を寄せる。少しでも見つかりそうになったら、ちょっと手を動かすだけで、書いた紙を火に投げ込めるくらいの位置がいい。用意ができたら、自分で恥と思うことを書き出すのだ。

読まれる危険性は少しもない。ところが、それでもやはり、なかなか書き出せないのではないだろうか。

書き始めたとしても、さほど不愉快ではないことだけを事実として書いていたり、除外してはならないことを省略してしまっている。なんとか率直に書こうとするが、なかなかできない。包み隠さず、ありのままに書くのは、無理なようだ。おそらくできないのではないかと思う。それが普通なのだ。

しかし、とにかく書き終えたとしよう。書いたばかりの紙は自分の手の中にある。ところが、先刻ドアの前に積み上げた家具がキイキイ音をたてると、とたんにやましさがこみ上げてくる。

いらいらと気まずさを感じつつ紙に目を通し、読み終わったところで、そのまま火にくべてしまう。勢いよく燃えていくのを見てはじめて、ようやく胸のつかえが下りたような安堵《あんど》感を味わう。

正直に書いた言葉には人をおびえさせる力がある

この奇妙な感情は、いったいどうして生じるのだろうか。書いているところを人に見られたわけではないし、全然知らないことや、よくわかっていないことを書いたわけでもない。自分の知らないことやわからないことを書けるわけがない。

むしろ、それは、自分ではわかりきった事柄で、何週間、何カ月、いや何年も、しっかりと頭の中にたたみ込まれていたことなのだ。

頭の中で反芻《はんすう》したことは幾度となくある。それでも、別にどうということはなかった。

ところが、文字として書いてしまうと、とたんに我慢できないほど激しく心をかき乱されてしまう。書いたものを破ってしまわないかぎり、どうにも心が落ち着かない。

書く前と後で人が変わったわけではない。何もかも、前と同じである。別に何か良からぬことをしでかしたわけでもない。しかし、これまで感じなかったやましさを感じている。

なぜなのか。それは、**正直に書いた言葉には、人をおびえさせるような不思議な力があるからだ。**この力は視覚に関係がある。つまり、何かが見えてくるのだ。幸い、自分の行動や考えを、映画のスクリーンを眺めるように見ることはできないが、たしかに何かが見えてくるのである。

さて、「今年から日記をつけよう。絶対に本当のことだけを書くのだ」と、毎年新たに決心する人が必ずいる。前でいろいろ述べてきたことは、そういうおおぜいの人たちに申し上げたいことなのである。

たとえ日記をつけ続けることができたとしても、絶対に事実だけを書くなどということはできるわけがないのだ。日記のそこここに、偽りが顔をのぞかせていないとしたら、よほど運がいいのか、生まれつきすばらしい才能に恵まれた人にちがいない。

こういうとあなたは、いや、自分は正直者で通っているなどということだろう。もちろん、そのことを疑うつもりはない。

私が偽りといったのは、たとえば、見事に晴れわたった日の日記に、「今日は一日雨模様。散歩に出かけて、ずぶ濡れになる」と書くような意味ではない。

あなたが、こんなふうに事実をねじ曲げて、日記をでっち上げる方ではないことはわかっている。

しかし、仮に、あなたと同じくらい正直で良心的な夫婦がいるとする。そして、夫婦喧嘩をした後、それぞれが自分の日記に、喧嘩の一部始終を書きつけたとする。その二人の日記を照らし合わせても、けっして一致しないし、どちらの日記を読んでも、完全な真相はつかめないことは確かだ。

ゴルフや切手のコレクションを始めたり、新しい消化剤を飲んでみるのと同じような気まぐれから、日記をつけ始める人がいる。

ところが、日記をつけ始めることは、あだや疎《おろそ》かにはできない厳粛な行為なのである。さまざまな困難が生じることを覚悟しておかなければならない。

日記の本質は真実である。偽りばかりの日記は意味がない。しかし、その真実をつかむことほど、世の中で難しい問題はないのだ。真実の片鱗《へんりん》を知るのでさえ、容易なことではない。

そして、偽りを書かないようにするだけで、それは一種の離れ業《わざ》といっていい。

時がたつにつれ〝おもしろみ〟が倍加するおもしろさ

これまで水を差すようなことばかりいってきたので、ここからは、少し励ますような話もしておきたい。

日記をつけたいと思ったり、あるいは、つけなければならないのに、それでも実行に移せない人が多い。そういう人は、自信がないからだという。

「私の生活なんて、たいしておもしろいものじゃありませんから……」

それではお聞きしたい。

「おもしろいものじゃないって、いったい誰にとってですか。世間一般の人にとってですか、それとも自分にとってですか」

人生は、少なくとも本人からみれば、おもしろいはずである。もし、日記をつけたいと望むなら、それは自分の生き方が、自分にとっておもしろく感じられるからにほかならない。そうでなければ、わざわざ記録に残しておこうなどと思うわけがない。

一流の日記作家にしても、波瀾万丈《はらんばんじょう》の人生を送ったというわけではない。

事実、『ピープスの日記』（サミュエル・ピープス〔1633〜1703〕、さまざまな官職を歴任、後に海軍大臣となる。その克明な日記は、当時のロンドンの生活を知る貴重な資料であると同時に、すぐれた文学作品となっている）でさえ、95パーセントまでが、きわめて陳腐《ちんぷ》な日常の些事の羅列である。誰もが普通に経験しそうな、ありふれた出来事ばかりだ。

もし、ピープスが日記を書いた翌日になって前日書いた箇所を読み返したら、なんという退屈な日記だろう、と感じたにちがいない。自分が書いている日記が、後日、英文学の名作に数えられるとは、夢にも思わなかったはずである。

しかし、日記は、時がたつにつれてそのおもしろみが増しこそすれ、薄れることはない。この点では、小説とは対照的である。ほどよく時間をおいた後で読んでみれば、日記の一文一文が大いに興味をかき立て、書いた人間をつまらない人物とはとてもいえなくなる。シドニー・スミス（1771〜1845、英国国教会の聖職者。機知に富んだ雄弁な演説で知られる）のようなすぐれた知識人が、おもしろくないはずがないのと同じである。

書き続けることそのものが一つの楽しみになる

シドニー・スミスといえば、彼がヘレンに「塩を回してください」と頼んだところ、どういうわけかひどくおかしかったので、食卓に居合わせた人たちが、笑いどよめいたことがあった。

そこで、彼は日記に、「ヘレンに塩を回してくださいと頼んだ」と書いたとする。そして、3年くらいのうちに読み返してみると、この一文が、彼にはなぜだか滑稽《こっけい》に感じられることだろう。30年ちかくたって、家族がある日、この「ヘレンに塩を回してくださいと頼んだ」という文を読めば、これまたどういうわけか、おもしろく思うだろう。

300年後には、国中が、何世紀も前に書かれた「ヘレンに塩を回してくださいと頼んだ」という文に、なぜだかわからないものの、ひどく関心を引きつけられる。評論家は、ヘレンと塩のそれぞれについて学説を打ち立てる。中には、ヘレンと塩に関する註を加えた新しい註釈版を出版して、生活費を稼ぐ批評家も現れる。

そして、もし、3000年後にこの日記が日の目を見たならば、シドニー・スミスがヘレンに塩を回してくださいと頼んだ事実に、世界中の人々がなぜだか胸をときめかせ、ざわつく。最新ニュースの一つとして地球上のいたるところに外電で伝えられる。すると、時を移さず、「彼に、『塩を回してください』と頼まれた時、ヘレンは実際、塩を回してあげたのか、どうか」という問題についての各国の著名な学者たちの見解が、矢継《やつ》ぎ早に地球をかけめぐる。

日記をつけたいと思っているが、他人に背中を押してもらわないと実行に移せないほど自信のない人は、こういうことがあるのだということを、覚えておくとよい。

すると、こういって反対されるかもしれない。

「しかし、子孫のことなどかまいはしない。私は、後世のために日記をつけるわけではないのだ」

たぶんそのとおりだろう。

ところが、後世のためにと思って書く人もいる。そういう人たちは、300年後に、いや、100年後でもいい、自分の日記が読まれると考えるだけで、明日にでも日記をつけ始め、死ぬその日まで1日たりとも欠かすことはないだろう。

もちろん、これは特殊な人たちである。私としては、あなたの考えに同感である。子孫のことなど考えるから萎縮《いしゅく》してしまうのである。

日記をつけ始めるのに、正当な理由はただ一つしかない。**楽しいから日記をつけ始める**ということだ。また、日記をつけ続ける理由もただ一つ、**続けるのが楽しい**ということである。

日記をつければ、得るものがあるかもしれない。たしかに、それも目的の一つといえよう。

しかし、それは、第一の目的ではない。長い時をおいてから読み返せば、それはずいぶんと楽しい経験になるだろうが、それとても、重要な目的の一つではあるものの、第一の目的ではない。

日記をつける理由は、書く行為そのものにあるべきである。日記をつけることが楽しいのでなければ、いっそ最初からつけないでおいたほうがましだろう。

心理的に構えてしまうからペンが思うように動かないのだ

しかし、「書く」という言葉には、気をつけていただきたい。

客間に通されると（あるいは、レストランに入っただけでも）、神経質になってしまう人がいるが、これと同じように、ある人たちはペンを手にすると、とたんに落ち着きを失ってしまう。

すでにお話ししたように、誰しも、書いてしまった言葉の与える心理的影響に不安を覚えるものだ。が、中には、ただ言葉を書くこと自体に神経を高ぶらせてしまう人がいる。実際、多くの人がそうだ。

そういう人たちは、何よりも「正確な文体」という名の神秘的理想にあこがれている。

実際、書くことは、話すこと——つまり、目に見えない言葉のやりとり——と本質的にまったく異なるものだと思い違いをしている。

興味深いことを話したり、考えたりする人は、興味深い文を書けるはずだし、また、話し言葉で考えをきちんと他人に伝えることができる人ならば、書き言葉でも、方法さえ間違わないかぎり、他人に理解してもらえることに気づいていない。

私の知り合いの中には、とりわけ若い人に多いのだが、何時間でも、それは魅力的に自分のことを話すことができるくせに、いざ手紙を書くとなると、ごく短い手紙でさえ、書く材料が思い浮かばないという人がいる。

そうした人たちは、「手紙では、話したいと思うことが浮かばない」と嘆く。

この言い分は間違いではない。手紙で話すことが、何一つ考えつかないのだ。

それは、何か書くべきことを考え出そうとしているからである。しかも、書くことは話すことと別のものでなければならない、と勘違いしているからだ。

頭の中で考えたとおりに、話すように書け

たしかに、書くことは、話すことと同じではないだろう。しかし、別のものでなければならない必要はないし、日記をつける上では、別のものであるべきではない。とりわけ、**使う言葉や文体など、文を書くからといって改めることはない。**

文を書くことに慣れていない人は、ペンを執ると、話し言葉を翻訳し、形を変えないと書き言葉にならない、と頑《かたくな》に思い込んでいる。

まず、話し言葉で考えをまとめる。そして、無意識に、または意識して自分に問いかける。「口でいうとしたら、こんなふうになる。だが、どうやって書き表せばいいのか」と。文の形をあれこれいじくる。文法や語句の組み立て、その上綴《つづ》りまでが心配の種だ。

文法と綴りについていえば、英文学がもっとも大きく花開いた時代には、どちらも

問題にならなかった。また、綴りの点でも、文法の点でも、作家の書く文は怪しいものだと思われていた。今日に至るまで、天才と称される作家でも、綴りや文法が怪しい作家がほとんどだ。

また、語句の組み立てに関していえば、自然に口をついて出てくる言い回しのほうが、ペン先で無理にこねくり回した言い回しより、よほどうまくできているものだ。

他人に理解してもらえるように話せるだけの文法の知識があれば、わかりやすい文を書くには充分である。他に何も心配することはない。実際、他の余計なことに気を揉まないようにするべきだし、そうしなければならない。日記を書くのに、そもそも形式にこだわるほうが間違いなのだ。

考え、話すように書く。そうすれば、立派な文学作品が生まれることもあろう。しかし、実際書きながら、文学のことなどどちらりとでも頭をかすめたなら、文学作品などできはしないのである。

とはいっても、なにも頭を働かせなくてもいいし、努力もいらない、どんなふうに書いてもよろしい、といっているのではない。そんなことは少しもいっていない。そのような態度では、いい日記は書けない。

自分の考えを効果的に文章で表現する秘訣

私が皮肉をこめて「文学的作文」と呼んでいるものに、あなたが心を動かされるようなことはないかもしれないし、また、動かされるべきでもないが、自分の考えを効果的に文章によって表現したいという理想は、常にもっているべきである。

話す場合は遅かれ早かれ、考えを効果的にまとめることもできるようになるだろう。しかし、いざ書くとなると、自然に出てきたはずの話し言葉が、なかなか思い浮かばないで苦労することになる。

また、書こうとする情景や出来事を思い出さなければならないから、記憶力も精いっぱい働かせなければならない。うっかりしていると、「おもしろい部分を書き忘れた」ということになりかねない。とにかく心をくだいて、最大限におもしろいものになるようにすることだ。

締めくくりにいっておきたいのは、人間誰しも、きつい仕事はなんであれ嫌うものだが、ここを乗り越えなければならないということだ。気に入っている仕事でも、しばしばいやになることがある。これは逆説でもなんでもない。私にしても、毎日毎日、その度に、仕事に手をつけるのが億劫《おっくう》でならない。

あなたが、日記に書き残すのにふさわしい一日を過ごしたとする。それは充分わかっているし、一日の出来事ははっきりと心に焼きついている。それでも、日記帳を開くのは気が進まないものだ。そして、たとえ日記帳を開いても、一所懸命に書くなんてごめんだと思う。そこで、よくよく考えもせず、順序もかまわず、てっとり早く書き流して終わりにしたいという誘惑に駆られる。

このように、手抜きをして、いい加減で、つまらない日記を書き流すという誘惑に負けないようにするためには、日頃からの努力が不可欠である。日記をつけるのは楽しみであるべきだけれども、きちんと続けることは、もう立派な一つの作業ともいえる。これは、他の娯楽にしてもいえることだろう。

私は、かれこれ21年以上も日記をつけ続けてきた。それでも、日記についてたいしてわかっているわけではない。ただ、少しわかったことは、**怠ければ、後悔することになる**ということだ。こと日記に関しては、怠けると取り返しがつかないということだ。

過ぎてしまったものは、二度と帰ってはこないのだから。

第5章

一日一日を完全燃焼して生きる!

――今日を力いっぱい創造的に生きる知恵

1

人生を心ゆくまで味わう秘訣

頭ばかりが先行し、実行力がともなわない人への〝処方箋〟

あれは、チャリティーオークション会場での出来事だった。ある一流ホテルのラウンジで行われたのだが、会場は人でごった返しており、むせかえるようだった。素人のせり師がおもしろおかしく怒鳴り立てると、入札者の間から大きな笑いの渦《うず》が起こっていた。

一人の若い女性が、側《そば》を通り過ぎようとした。通りすがりに私に視線を投げかけ、足を止めると、突然、「ベネット先生ですね」と声をかけてきた。

「そうですが」と私は答えた。

「失礼を申し上げてすみません。私、先生が書かれた本は全部拝見しています」

私は、よくこんな時に近寄ってきて、ペラペラとたわいないおしゃべりをするような、人なつこいファンの一人だと思ったので、まず、いつもどおりの堅苦しく気取った返事をした。

「先生がたいへんお忙しい方だとは存じあげているのですが……」

その女性はかすかに顔をしかめながら話しはじめた。眉間《みけん》のあたりがほんの少し曇っている。身なりはたいへんきちんとしており、快活で思いやりのある思慮深そうな顔立ちをしていた。

「私、これまで何度も先生にお話しししたかったんです。

先生は本の中で人生のことや自分を磨くこととか、時間を有効に使って人生を無駄遣いしないこととか、他にもいろいろ書いていらっしゃいます。本を読んでいますとたいへんためになりそうに思うのですが、いざ現実に実践しようとすると、少しも役に立ってくれないのです」。そういって微笑んだ。

この人はよくいる愛想が好いだけのファンではなさそうだと思った私は、

「それは、それはどうも。ですが、本を読まれても、当然、それだけではなんの役にも立ちません。行動に移してはじめて、実際、大いに役立つというものですよ」

と答えた。

「でも、そこなんです、私が申し上げたいのは。

私は行動に移そうとしてもできないのです。決心がつきませんし、何一つ集中してかかることもできません。一所懸命になって何かをしようと覚悟を決めることもできません。

もし、何かちょっと始めたとしても、きまって初日からつまずいてしまいます。毎年毎年、こんなふうなのです。私がいたらないせいだとおっしゃっても、どうにもなりません。私自身、どうしようもないのですもの。ああしたい、こうしたいと心の底から思うのですが、できないのです」

「それで、何をしたいのですか」

「私自身を精いっぱい生かしたいのです。時間の無駄遣いをやめて、『人間というこの機械』をすべて完全に動かしたいのです。成功といえる生き方をしたいし、きちんとした生活をして、自分の能力を一つ残らず引き出したいのです。それなのに、何一つ始めるふんぎりがつきません。全然、決断力というものがないのです。

先生の本を読みますと、決心し、意志を強くもって覚悟を決め、あきらめずにやり続けよと教えていらっしゃいますが、私にはできないのです。

でも、本当は、先生のおっしゃるとおりにしたいのです。

本では、私のようなケースはまだ取り上げていらっしゃいませんし、そんなことができるものかどうか存じませんが、でも、先生は人間性をテーマに研究なさっている方ですから、関心をもっていただけるかと思いまして……。失礼ばかり申し上げてすみません」


一瞬、私は何も答えることができず、突っ立っていた。彼女は魅力たっぷりにお辞儀をすると、すばやく私の前から離れていってしまった。あたりを懸命に見回したが、会場が広すぎて、たちまち姿は見えなくなってしまった。彼女はもう影も形も見えない。そして、彼女のことは何もわからない。まだお嬢さんかもしれないし、若いミセスのようにも母親のようにも見えた。

はっきりわかっているのは、思いやり深そうな、ちょっと哀しげな顔立ちの女性で、私にショックを与えて立ち去ったこと、それだけである。

いかに自分のエネルギーを効率よく燃焼させるか

しかしながら、2、3時間たった後、私は先刻の女性が目の前にいるものと仮定して、次のように語りかけていた。

＊　＊　＊

――お話をお聞きしましたところ、あなたは不可能な問題に向かって健気《けなげ》にも頑張ってこられた方だという感じがします。たぶん、自分の内に新たなエネルギーを創り出したい、と願ってきたのではありませんか。

エネルギーというのは、自分の内にも外にも、新たに創り出せるものではないのです。誰もそんなことはできないのです。できるのは、**もともと存在しているエネルギーを自由に解放し、形を変え、方向づけること**だけなのです。

石炭が1トンあれば、家は暖かくなります。これは、石炭の熱エネルギーが形を変え、自由に放出されて、ある目的のために方向づけされているわけです。

しかし、一時代昔の開放式暖炉で石炭を燃やして家を暖めようとしたら、どうでしょう。煙突とその真上の空気は暖まるでしょうが、肝心の部屋のほうは、つける前とほとんど変わりません。

さて、まったく同質の1トンの石炭でも、地下のスチーム・ヒーティングに使えば、たとえ真冬でも、家の中は夏服でないといられないくらい暖かくなるはずです。スチーム・ヒーティングは、石炭のもつ熱エネルギーを増やしたわけではありません。ただ常識的な、つまり科学的なやり方で、石炭の熱エネルギーを自由に放出し、利用し、方向づけしただけにすぎないのです。

いくら常識を働かせたり、工夫をこらしたりしても、2分の1トンの石炭で1トン分の熱エネルギーを出すわけにはいきません。世界一質の高いスチーム・ヒーティングを発明することはできます。けれど、もし燃料の石炭がなければ、あるいは、石炭の量が家を暖めるのに足りないとしたら、寒く感じないですむのは白熊か、恋人たちくらいのものでしょう。

つまり、燃料になる石炭があるかないかが第一の要件なのです。

そうです。人も生まれながらに、ある一定量のエネルギーを与えられているのです。使えるエネルギーはそれしかないのです。1升ビンから水を注いでも2リットルは出てこないのと同じように、人間の場合も、**もともと内に秘めているエネルギー以上のエネルギーを引き出すことは不可能**なのです。

しかも、もっと重要なことは、他から別のエネルギーを足してやることもできないということです。時として、人にエネルギーを与えたような気になることがあるかもしれません。しかし、本当は違うのです。もともとその人がもっていたエネルギーを引き出し、マッチを近づけたり、火をつけたにすぎません。

たとえていえば人は、周囲を険しい岩で囲まれた島に似ています。船は島に近づいて、エネルギーという、あの謎めいた貨物を下ろすことはできないのです。血液を輸血するのはもちろん可能ですが、心臓を働かせ、状況に挑んでいく不思議な力まで送り込むわけにはいきません。

エネルギーが不足しているように見える人もいますが、本当はエネルギーが充分あるのに、それが眠ったままの状態になっているのです。誰かがマッチを擦ってくれたり、指示を与えてくれるのを待っているのです。

もちろん、エネルギーが不足しているように見える人の中には、事実、そのとおりの人もいます。この場合、不足分の追加供給をするということはできないのです。それは、髪が伸びるのを止められないようなものです。

欲求が本物であればエネルギーは無限に湧いてくる

さて、エネルギーという言葉で私がいわんとしていることは、それは、あなたの中にある何にもまして根源的なもののことです。あなたは理性的な方ですから、この点はおわかりになると思います。その上で、なおも次の質問をされるわけですね。

まず第一に、大量にしろ少量にせよ、自分が生まれながらにある量のエネルギーをもっていると、どうしたら確信できるのか。次に、自分の中のエネルギーの多くは眠っていないと、どうしたら確信ができるのか。

二つめの質問に関していえば、何年とははっきりいえませんが、ある程度年を経れば、自分の中のエネルギーは眠ったまま火のつくのを待っているわけではないことに確信がもてるようになります。火のついたマッチだらけのこの世の中を生きてきて、特に自分の燃料に火をつけてくれるマッチに今まで一度も出合ったことがない、などということはありえないことです。

それから、このマッチには充分用心していただきたい。というのは、そのマッチに触れると、時として爆発し、そこら辺のものをすっかり灰にしてしまうことがあるからです。仮に、あなたの中に眠ったままのエネルギーがあるならば、それはやがて目を覚まし、あなたを悩ませ、その存在に気づくことになるでしょう。

さて、今度は第一の質問についてお話ししましょう。

人がもっているエネルギーの量は、普通、何かをしたいという欲求の度合いでわかります。エネルギーを使うのは欲求です。だから、強い欲求をもっていれば、エネルギーもたくさんあることになります。そして、それは明確な欲求です。欲求がないなら、エネルギーは宝の持ち腐れになってしまいます。

ある行為をしたいと思うからこそ、わざわざエネルギーを使ってその行為をするわけです。その行為そのものが目的であれ、めざす目的の手段としてであれ。

さて、再び私があなた自身のケースを回避しようとしているとご不満そうですね。あなたは、自分は欲求はあるが、実行に移すだけのエネルギーと意志の力がないのだとおっしゃる。だが、はたしてそうでしょうか。

私にはそうは思われない。とりとめのない漠然とした願望と欲求を取り違えてはいけません。

本当の欲求というのは、明確で具体的なものです。もし、本当の欲求をもっているのならば、あなたは、自分が何を求めようとしているのか、はっきりわかっているはずです。ただ漠然と欲するということはできない。欲するということは、具体的に何かを欲するということなのです。

さらにいえば、他に何も考えることのない時だけ、時々思い出したように何かを欲するというのは本物の欲求ではありません。それは結局のところ、センチメンタルな気晴らし、精神の娯楽にすぎません。自分を真面目な人間だと思いこむためのてっとり早く楽しい方法といっていいでしょう。

一方、大量のエネルギーを必要とするような欲求は、そんなものとは違います。片時も頭から離れず、心を悩まし続けるのです。一種の強迫観念のようなもので、始末が悪いものです。まるで拷問《ごうもん》の苦しみです。少しも容赦してくれません。

大量のエネルギーを自分の中にもつ人は、たいてい、たった一つの際立った欲求に突き動かされているものです。この欲求が、その人がもつあらゆる力を独占し、それらを一つの方向へと導いています。

残念なことに、世間ではこういう人のことが、成功の特別なシンボルとして考えられているのです。ただ一つの大きな野望が実現すると、それで成功したといわれる。誰もが、「これぞ、まさしく成功した人生だ」と嘆声をもらす。

また、人生における成功について論じた本の大半も、こうした特殊なケースの成功しか取り上げない。まるでこの類いの成功だけが、話すに値する唯一の成功パターンだと考えているかのようです。狭い意味での成功例を有名なものの中からいくつか並べ、この真似をせよと、相手かまわず説得する。愚かしいかぎりです。

フラック氏の「これぞ、まさしく成功した人生」

さて、そろそろ、あなた自身の問題について話してもよさそうですね。

しかし、私は、あなた一人の問題として限定してお話ししたくはありません。そこで、有名人ではありませんが、先週亡くなったフラック氏のケースについて話しましょう。

なかなか鋭い見方をする友人たちが、故人のことをこんなふうにいっていました。

「金銭にかけてはすばらしい才能をもっていた人だった。もし、脇目もふらず、それだけに集中していたら、おそらく、相当な財を築けただろうに。

ところが、彼は金儲けにも、それ以外のどんなことにも集中するということができなかった。あれこれといろいろなものに興味をもちすぎた。本、写真、音楽、旅行、物理科学、恋愛、経済学。実のところ、彼の興味を引かないものはないといってもよかった。

いつも何かに興味を引かれていた。あまりにも手を広げすぎたのだ。エネルギーを少しずつ小出しにして無駄遣いし、途方もない時間を浪費してしまった。それで結局、何も成し遂げることなく終わってしまったのだ」

多くの人たちは、そんなふうに考えていたようです。けれど、私は、故人はやはり〝成し遂げた〟といっていいのではないかという気がします。

たしかに大富豪にはなれなかったけれど、**あらゆる分野に興味を抱くことができましたし、幅広い視野をもつことにも成功した**のですから。一生涯、退屈と無縁でもいられました。

何か一つ大きな欲求をもつ人は、とかく偏った見方をしがちですが、故人はそんなこともありませんでした（狭い意味で成功した人というのは、たいてい成功と引き換えに大切な何かを失うものです）。

友人たちは、故人が時間を浪費したと残念がっていますが、しかし、自分でやりたいと思ったことを全部やったのなら、どうしてそれが時間を大量に無駄にしたといえるのでしょうか。

フラック氏とて、生前、おそらく夜中に目を覚まして自己嫌悪に陥ったこともあったでしょう。何事にも集中できない、一つのことを最後までやり通せない、時間を無駄遣いしている、能力はあっても実際ほとんど進歩がない、世間の人たちの印象に残ることは何もできなかったと考えて。薄暗い中で、自分は与えられたエネルギーを無駄遣いしてきたと悔やんだこともあったでしょう。けれども、心の底から自分は人生の失敗者だと思ったことはないはずです。

自分のエネルギーを一方向だけにしぼり込んで使うほうが、多方面に拡散するより必ず高い評価を受けるとは、いったいどうしたわけなのか。根拠があるなら教えてほしいものです。

エネルギーを一方向に集中することが、必ずしも正しいとはかぎりません。もし、一つの抜き差しならない重大な野望を抱いている人であれば、その野望を徹底的に達成するのが正しいでしょうが、ほどほどの欲求をいくつももっている人ならば、状況の許すかぎり、それらすべてをそれなりに満たしていくのがいいのです。一方が他方よりも成功したなどとどうしていえるのか、私にはわかりません。

今あなたは心から満足できる生き方をしているか

あなたはたいへん慎み深い方ですが、何をおっしゃりたいか私にはちゃんとわかります。故人はエネルギーを小出しに無駄遣いしたが、とにかく、もてるエネルギーを外に表した。それに比べて自分はエネルギーを表に出していない、とおっしゃりたいのでしょう。自分を責めるのはやめなさい、というつもりはありません。たぶん、あなたはだめな人間だと自己嫌悪することを楽しんでおいでですでしょうから。

とはいっても、エネルギーというものは、往々にして自分の見当もつかないところで用いられていることがあるものだということを申し上げておきたい。

エネルギーは種々さまざまで、人によっていろいろな使い方がされる。きっちりと予定表を作り、それを何がなんでも守ることに使う人もいれば、歯をくいしばって一大決心を実行に移すことに使う人、１秒たりとも時間を無駄遣いしないことに使う人、あるいは、ただひたすら山の頂上をめざして登り続けることにエネルギーを使う人もいる。

それはそれですばらしいことです。けれど、エネルギーを使うのは、そんなことばかりとはかぎりません。思索に耽ったり、自分のことを見つめ直したり、他人について考えたり、周囲を喜ばせたり、世の中を正しく評価したり、生きる上でなるべく摩擦が起きないように心を配ったり、エネルギーの使い道はさまざまです。

私がたまたま個人的に知り合った人の中には、こんな人もいます。特に婦人に多いのですが、まことに怠惰で、知力を効果的に働かせることもなく、積極的に生きるための努力など一切しようとしない。しかしながら、その生活ぶりを見ていると、**「私にとってあなたは、生きていてくださるだけで充分」**と心の中でいいたくなってしまうのです。

誰でも、こういう人に会ったことがあるはずです。そして、もし、こんなふうな生き方ができないならば、そのような世の中は間違いなく住みにくくなってしまうでしょう。

あなたがこのタイプかそうでないか、私には判断がつきません。しかし、どちらにせよ、たとえあなたが努力家でなくとも、また、意志が弱く、辛抱強くなくとも、そして、がむしゃらでも、天才でも、一つの思想をもった野心家でもないとしても、がっかりするには及ばないのです。

われわれが一人残らず、「成功」を求めて目の色を変えだしたら、この世の中はどうなると思いますか。恐ろしい修羅場《しゅらば》になってしまうことでしょう。

それに、実際、あなたは自分で思っている以上に能力があり、本当はあなたが思っているほど時間を無駄にしておらず、エネルギーだって思っている以上に使っているのかもしれない。

あなたは、自分には決断力がないとこぼしていましたが、そうすると、ずっと心をとらえ続ける一つの欲求が、あなたにないということになります。しかし、あなたの欲求や決断力はあまりに本能的なものなので、また、深くあなたの一部分になってしまっているために、自分で気づかないだけなのかもしれません。

もし、本当に一つの持続する欲求や固い決意を抱くだけのエネルギーが欠けているのなら、それはそれだけのことです。そういう運命《さだめ》なのだと甘受するしかありません。

他人を羨んでもしかたありません。**他人が強い欲求をもち、それを実現するためのエネルギーを多くもっているからといって羨むべきではありません。**

以上のような考え方は、危険な考え方だといわれるかもしれません。不精やら怠惰やら、その他の悪徳を野放しにするようなものだと。世の中の不真面目な連中のために、よいいい訳を見つけてやったのも同然だと。たぶん、そうかもしれません。しかし、お話ししたことは本当です。真実がたまたま誤解を招きやすいからといって、口にするのを恐れたくはありません。

それから**誰でも、自分が心から満足できる生き方をしているかどうか**、はっきり見きわめるべきです。

しかし、その場合、良心の声を公正に聞いてみなければなりません。たとえば、夜明け前のふと心細くなるような時ばかりに良心の声に耳を澄ませたり、また逆に、おいしい食事を味わったり、心底何かを楽しんだりした後には、良心の声にまったく耳を貸そうとしないというのも公正とはいえません。

成功した人に対する単なる妬《ねた》みを、自分だって同じように成功したいという欲求と取り違えてしまうことがよくあります。しかし、成功した人が多くのものを手に入れるのを見て(その実、失ったものについては何もわかっていない)、妬ましく思う気持ちと、成功したいと思う純粋な本能とは、まったく別物といってよいでしょう。

＊　＊　＊

不満を抱いたあの若い女性に向けてこれまで延々と述べてきたが、彼女を実際に目の前にして語ることができたら、以上の話は非常に役立ったことだろう。

しかしながら、残念だが、面と向かって話したのではない。夜中、眠れずにいる時に彼女の姿を心に思い描きながら、熱弁を振るったという次第である。

2

「今日」が人生の一日目だ！

自分を成長させてくれる「過去」、自分を臆病者にする「過去」

その朝、まだ暗いうちに私は目が覚めた。そして、ふと思い出した。いや私のみならず、いまだに何らかの幻想を抱いている人、どこかしら心にナイーブさを残している人なら、同様のことを思い出したことがあると思う。

つまり、われわれには、かつて心をうきうきさせてくれるものがあった。楽しい気持ちにさせ、体全体にやる気をみなぎらせるものがあったということである。そして、それが「新年の決意」であったことを思い出す。

「新年の決意」などといいだすと、どなたも小馬鹿にしたような笑みを浮かべられるのではないかと思う。

われわれは誰しも、「新年の決意」などというものは子どものおもちゃのようなものだというふりをする。そして、それが自分の現実の行動の助けになると真剣に考えることは、とっくの昔にやめてしまっている。

だがわれわれは、実のところ欺瞞《ぎまん》屋なのであって、あわれなくらい精神的に臆病なのである。そして、自分がナイーブな人間であると他人から思われるのをひどく恐れている。

しかし、少なくとも私は、そうした小馬鹿にした笑いや見せかけにはだまされない。要するに、そういう人は嘘をついているのだ。

もし、その人の頭の中が突然透《す》けて見えるとしたら、嘘をついているまさにその瞬間に、その人の頭の中で「新年の決意」が、トラファルガー広場のランプのように、あかあかと燃えているのが見えることだろう。

10人中9人の人は、元日の朝は、一種格別な高揚した気持ちでベッドを出るにちがいないのだ。そして、そうした気持ちをもたらすものは「新年の決意」だけだ。これは間違いないことだと思う。

しかも、10人中9人の人がそれは立派なことだと思っている——立派だといえるのは、「新年の決意」をすることではなく、その決意を持続することなのだということを忘れて。

そして、「新年の決意」を全力を挙げて実行しているまさにその時に見過ごされがちな次の点を、自明のことではあるが、私は指摘しておきたい。それは、**人は前進と停止を同時に行うことはできない**ということである。

モラリストたちが、未来に生きんとする傾向をしばしば咎《とが》めるように、私は過去に生きようとする傾向を咎めたい。

というのも、私の周囲を見回すと、あたかも山の麓のびくともしない柱に絶対に切れないロープで自分をくくりつけ、必死になって山に登ろうとしている人を見かけるからだ。

他より重要な「新年の決意」があるとすれば、それは**過去を断ち切る**という決意に他ならない。もし、人生というものが過去の絶えざる否定でないとしたら、それは無に等しい。

厳しい無情な説だと思われるかもしれないが、しかし、良識というものには厳しく、かつ無情な側面が否応なく不随するものである。これは、あなたもご承知のとおりである。

そして、良識をわきまえた人というのは、おだやかな性向と同様に、驚くほど非情な性向を内に秘めているものである。

あなたもお気づきになったことがないだろうか。過去というものは、自分を成長させてくれるものは別にして、どうにも手に負えないものである。それはどうすることもできないことである。過去に対して過度にこだわることは、墓に対して異常な注意を払うようなものである——それはある意味で、野蛮なしるしである。

さらにいうならば、**過去というものは普通、晴れ晴れとした心の状態をおびやかす敵**である。そして、晴れ晴れとした心の状態というのは、何にもまして貴重な財産なのだ。

変えられない過去のために貴重な現在《いま》を台なしにしてはならない

自分としては、悲嘆や後悔の念に対してはあからさまな敵意すら示したい――この二つの感情は、現在ではなく、過去によって育まれた感情である。後悔の念というのは、悔悟の念とは別物である。

私の今までの経験からいうと、なんの役にも立たないものである。ある立派な聖職者の忘れ難い言葉にもあるように、「現在の物事はすべて、かくあるべくして、かくあるのである。そして、なるべくして、なっていくものである。しからば、何故に自分自身を欺かんとするのか」――悪事に対する後悔の念は、有益で称賛に値するのか、とこの聖職者は問うているのである。**忘れ去るほうがはるかにまし**である。

実のところ、人は喜んで後悔の念に打ち沈んでいるのである。後悔というのは、一種のいささか淫靡《いんび》な精神的快楽なのだ。

悲嘆の場合は、もちろん後悔の念とは異なる。繊細な考慮が要求される感情である。にもかかわらず、ある男性あるいは女性が、愛する人を失って身も世もなく悲嘆にくれているのを見る時、そして、それに対して世間の人々が心の中で感心しているのを見る時、私はあきらかに嫌悪を覚える。私にいわせれば、そういう男性や女性は、死者の記憶に敬意を払っているのではなく、汚しているのである。

社会に諸々の苦悩はつきものであり、個人においてもまたしかりである。そして、地上的な意味においても、天上的な意味においても、悲嘆や後悔の念が善なる状態に到達しえるということはありえないのだ。

悲嘆というのは、過去にまつわるものである。それは、現在を台なしにしてしまう。一種の**自己満足**なのである。

悲嘆というのは、しばしば抑制すべきであると思われているが、しかし、普通思われているよりも、もっとはるかに抑制すべきものである。

人間の心というものは大きなものであるから、**単なる思い出に心のすべてを一方的に支配させてはならない**のだ。

しかしながら、後悔や悲嘆にくれるというケースは、どちらかといえば少ない。われわれ多くの者にとって少なからずよくあるのは、**過去に対して間違った忠義立てをして、そのために過去に人生を振り回されてしまう**ケースである。

私は、生き方の中心となる根本的原理原則のことをいっているのではない。そうした原理原則というのは、変化してわれわれに不都合をきたすというようなことはあまりない。私がいっているのは、もっと二義的なことではあるが、しかし、重要なことである。

われわれは、今まで過去に自分が一度もやったことがないからという理由で——それがあたかも理由であるがごとく考えて——あることをやろうとしない。あるいは、これまで常にやってきた、だから常にやらなければならないと考える——それがあたかも論理的であるかのごとく思い込んでいる。

不合理な保守主義者に見られるこの傾向は、奇妙なことに、進歩的な急進主義者にも見られる。そして、実に瑣末《さまつ》な事柄にも現れる。私は次のような傾向をもつある人物のことを思い出す。

その男は自分の帽子の形について妻に反対された時、次のように抗議した(帽子の形について反対するのも、帽子そのものと同様、私には人生の一大事とは思われないのだが)。

「私はいつもこの形の帽子をかぶってきたのだ。似合わないかもしれないが、今さら違うのに代えるなんて絶対にできない」

けれど、彼の妻はなんとかこの夫をバスに乗せて帽子屋まで連れていき、違う種類の帽子を買ってやり、頭にのせてやった。そして、古い帽子を店員にプレゼントして、意気揚々と店を出てきた。

「ねえ、絶対できないなんてことはなかったでしょう」と彼女はいったものだ。
これはたとえ話である。
いかなるたとえなのか、今さら説明の必要はないだろう。

自分の人生を生まれてはじめて見るかのような「想像力」を使え！

何か新たな決心をしたいという心境になった時、主として必要なのは、**想像力である。自分の人生をあたかも生まれてはじめて見るかのごとく見つめる能力**——新鮮な眼差しで見つめる能力である。

仮に、あなたが生まれつき成熟した経験豊かな人間として生まれ、昨日が人生の一日目だとする。そうすると今日あなたは、昨日を一つの実験であったと見なすだろう。実験としていろいろな行動に挑戦することだろう。そして、おそらく昨日をむやみとありがたがることなく、明日という日の計画を立てることだろう。「今までこうやってきたのだから、これからもこうやらなければならない」などとは、けっしていわないだろう。

過去は、一つの実験以上のものではけっしてないのだ。この事実に腹の底から得心がいけば、われわれの新たな決意、決心というものは、通常そうであるよりも、もっと価値のある思い切ったものとなるだろう。

われわれ大部分の者にとってもっとも有益な決心というのは、今までに立てた誓いの半分を反故《ほご》にしてしまうことではないだろうか、と私は思っている。

「一度立てた誓いだからといって惰性にまかせ、臨機応変に対処することを怠ってはならない。……この警告を肝に銘じておくこと。すこぶる重要なことであるから」

これはサミュエル・ジョンソン博士(1709~84、英国の文学者、評論家)のまことに含蓄ある言葉なのである。

(了)

本書は、小社より刊行した『自分の能力を〝持ち腐れ〟にするな！』を、再編集のうえ改題したものです。

アーノルド・ベネットの賢者《けんじゃ》の習慣《しゅうかん》

著　者――アーノルド・ベネット
訳　者――渡部昇一（わたなべ・しょういち）
　　　　　下谷和幸（しもたに・かずゆき）
発行者――押鐘太陽
発行所――株式会社三笠書房
〒102-0072 東京都千代田区飯田橋3-3-1
電話：(03)5226-5734（営業部）
　　：(03)5226-5731（編集部）
https://www.mikasashobo.co.jp
印　刷――誠宏印刷
製　本――若林製本工場

編集責任者　本田裕子
ISBN978-4-8379-5806-2 C0030

三笠書房

自分の時間
1日24時間でどう生きるか

アーノルド・ベネット【著】
渡部昇一【訳・解説】

イギリスを代表する作家による、時間活用術の名著
朝目覚める。するとあなたの財布には、まっさらな24時間がぎっしりと詰まっている――

◆仕事以外の時間の過ごし方が、人生の明暗を分ける ◆1週間を6日として計画せよ ◆習慣を変えるには、小さな一歩から ◆週3回、夜90分は自己啓発のために充てよ ◆計画に縛られすぎるな……

推薦・佐藤 優

自分を鍛える！
「知的トレーニング」生活の方法

ジョン・トッド【著】
渡部昇一【訳・解説】

全米大ベストセラー「充実人生」を約束する傑作！

頭の鍛え方、本の読み方、剛健な心身づくり……具体的知恵が満載の、読むと必ず「得をする」1冊

◆〝いい習慣〟をつくれば、疲れないで生きられる！
◆集中力・記憶力が格段にアップする「短期決戦」法
◆1冊の本を120パーセント活用し吸収する方法
◆スケジュールの立て方は〝箱に物を詰め込む要領〟で

改訂新版
人間 この未知なるもの

アレキシス・カレル【著】
渡部昇一【訳・解説】
江藤裕之【編集】

人間とはいかなるものか――
ノーベル生理学・医学賞受賞の著者による、知的興奮に満ちた世界的大ベストセラー

「このような本を前にして胸の躍らない人は、よっぽどどうかしている」――渡部昇一 「この本には、人間が生き残る知恵が満載されている。人間研究の古典であり、人間が生き残るための知恵を得られる必読書である！」――佐藤 優

T30358